どうせならもっと上手に叱《しか》ってくれない？

世界初!?「子ども目線」による褒め方と叱り方のコツ

おへそグループ統括園長／公認心理師
吉村直記

すばる舎

おとなってさ、よくおこってるよね。

「かたづけなさい」
「歯をみがきなさい」
「べんきょうしなさい」
「ゲームはやめなさい」
「はやくねなさい」

でもホンネを
ぶっちゃけちゃうとさ、

ぜんぜん聞いてないんだ。

そりゃ言うこと聞くこともあるけどさ……。

それって、

「母上のおっしゃることがわかりました！」

ってわけじゃないんだ。

聞かないとめんどくさいから、
聞いたフリしてるだけなんだよね。

ぎゃくに聞くけど…

「言うこと聞かないとおカネやらないよ」とか
「カジくらいちゃんとやりなさい」とか
「はやくゴハンをつくりなさい」とか
そう言われてやるきになる？
ってことなんだよね。

…なにが言いたいかっていうと、

どうせしかるなら、
もっとうまく
しかってくれない？

ってこと…。

じゃあ、どうやってしかってほしいの？
って言われると
子どもなのでコトバにするのは
ムズかしいのですが

とにかくやさしく
いいカンジに
やってほしいなって
おもうんです。

あいするお母さん、お父さんへ

今日もがんばっているお母さん、お父さんへ

はじめまして、佐賀県でこども園の園長をしている吉村と申します。

日々、たくさんの子どもたちと過ごす中で感じるのですが、子どもというのは、大人に対してこんな思いを持っています。


「どうしてこんなに怒られるんだろう……？」


子どもたちからすれば、「好きなことを好きなようにしているだけ」なのです。なのに、どうして叱られたり怒られたりするんだろう？　と疑問に感じています。

私たち大人だって、人から理不尽に怒られたくはありません。自由を制限されれば不快ですし、あまりにもダメ出しが続けば反抗することさえも億劫になっていきます。子どもの気持ちも、同じなのです。

でも、きっとみなさんも叱りたくてお子さんを叱っているわけではないと思います。

できることなら怒らず、イライラしないで過ごしたい……。けれど、ダメなものはダメ

と教えないといけない場面があったり、そのままでは子どもに不都合が起きると思ったら直してほしいと思うこともあるでしょう。

また、忙しいとき、機嫌や体調が悪いときは余計に、

「どうやって叱っていいかわからない」

「まったく言うことを聞いてくれない」

「自分が悪いのかな？」

「このやり方でよかったのかな？」

と、さまざまな不安や悩みがよぎるかもしれません。

でも安心してください。誰だって、親になるのは初めてのこと。試行錯誤をしてもわからないことばかりなのは当然なのです。

私自身、園ではたくさんの子どもたちと接していますが、家庭には2人の子どもがいます。やっぱり、園と家庭ではちょっと違うことも出てきます。

関係が近いからこそ悩んでしまうことはありますし、そもそも子どもと言っても十人十

色で個性もさまざまです。

そこでこの本では、園の親御さんや保育士の先生たちから寄せられる悩みや、日々子どもたちと接しながら気づいたことなどをもとに、子どもの本音を通して、親子が上手に付き合っていく方法をまとめています。つまり、子ども視点から考えた子育ての本になっています。

どうすればいいんだろう……。と途方にくれてしまうようなことも、子どもの目線に立つと不思議と、「あっ、そうだったのか！」とカンタンに解決することも多いのです。

まず第1章では、「子どもの本音」と「親がしてしまいがちな行動」を通して、子どもたちと意思疎通する方法について紹介していきます。

そして第2章以降では、実際にどんなふうに接したら子どもは親の言うことを聞いてくれるのかをテクニックベースで紹介していきます。

たとえば、「注意せずに褒める方法」、「指摘せずに自分で気づいてもらう方法」、「子どものやる気を失わせずに行動を改善してもらう方法」などを、現場の知恵と心理学的な裏づけをあわせて実践的に紹介していきます。

最後の第6章では、保育士の先生たちと編み出してきた「子どもを動かす裏ワザ」を17

連発で紹介していきます。子育てをラク～にするヒントとしてお楽しみください。

昨今の世の中では、一寸先も想像できないようなびっくりするようなことが起きています。そんな時代でも子どもたちが自分で考え、自信をもって行動していけるように……そのサポートができるかどうかは私たち大人にかかっています。

決して親として完璧になる必要などありません。

子どもたちに得意や苦手があるように、私たちにも得意や苦手があります。

時には子どもに頼り、時には子どもとの会話からハッとするような気づきをもらうこともあります。

親子というのは、共に人生を歩む仲間であり、時に子どもが師匠として教えてくれる場面だってあります。

日々大変なことの尽きない子育てですが、みなさんがちょっとでもラクになりながら、子どもたちが自分の人生をたくましく歩んでいけるお手伝いをできればと思います。

第1章

「子ども心」もわかってください

第2章

褒める叱り方だって、あるんです

第4章 自分で気づいてもらうのが一番です

第5章 やる気を奪うか引き出すか、言葉一つです

第6章 子どもたちから学んだ困ったときの「裏ワザ」17連発！

ブックデザイン 大場君人
編集協力 松本逸作
イラスト 田渕正敏

第1章

「子ども心」もわかってください

その1　叱る理由

拝啓。お母さま、お父さま。
どうしてぼくらは
こんなに
「叱られる」んですか？

ガミガミ言ってしまうその奥にある気持ちは？

子どもは純粋で、真っ白な心を持っています。ゆえに自由です。とてもかわいい一面もあれば、大変だなと思うこと、子どもが成長していく中で、これは教えておきたい、守ってほしいということもたくさん出てくることと思います。

たとえば、歯みがきをしない、ゲームしてばかり、スマホで動画を見てばかり、時間にルーズ、朝起きられない、服を脱ぎ捨てっぱなし、宿題をしない……そういう、日々の習慣に困ることもあれば、悪いことをしたらダメ、危ないことはやめてほしい、人にはやさしくしてほしい、マナーを守ってほしいといったこともあるでしょう。

ではここで、質問です。

そもそも、私たちはどうして子どもを叱るのでしょうか？

指示や命令をして言うことを聞かせるためでしょうか？　子どもたちを自分たちの思いどおりにするためでしょうか？

そうではないはずです。親が子どもに対してついガミガミ言ってしまう。その奥には、子どもに「幸せに生きてほしい」という心からの願いや希望、底なしの愛情があるのではないでしょうか？

あくまで、叱ること自体が目的ではありません。ところが、あまりにも言うことを聞いてくれなかったり、同じことが何度も繰り返されたり、忙しかったりすると、つい怒りまじりで叱ってしまうことがあるでしょう。カッとなってしまったあとに落ち込むこともあるかもしれません。

本当の気持ちが伝わるように叱るには

心理学では、怒りは「二次感情」と言われています。「二次」というのは、実はその前に「一次感情」があるんですよ、という考え方です。

一次感情とは「心配・不安・悲しみ・期待・安心・喜び」といった人間の根っこの部分の感情のことを言います。つまり、子どもの将来が「心配」だったり、「期待」があったりすると、つい怒って厳しい叱り方になってしまうというわけです。

たとえば、

「早くしなさい！」

↓「早くしないと遅れてしまって、あなたが困ってるのを見ると悲しいな～」

「早く寝なさい！」
↓「睡眠不足になって、明日元気に過ごしてくれるかどうか心配だな～」

「歯をみがきなさい！」
↓「将来、この子が虫歯になって困らないかしら～」

「宿題やりなさい！」
↓「ちゃんと勉強して、将来、できればいい就職をしてほしいわ～」

こんなふうに、本当はその子を愛するがゆえの不安や希望が根本にあるのではないかと思うのです。子どもを愛する気持ちがあるゆえに怒ってしまうし、悲しくもなってしまうのです。

叱ることが良いことか悪いことかといったことの前に、ぜひこの「子どもを思う本当の気持ち」を思い出してみてほしいと思います。

そんな、愛情がそのまま子どもに伝わるような言い方ができたらどうでしょうか。

子どもに愛情が伝わり、子どもが耳を傾けてくれて、子どものよい行動が促されるのであれば、どれほど嬉しいでしょうか。

まずこの第1章では、「そもそも叱るってどういうことだっけ？」という考え方について一緒に見ていければと思います。

子ども心のポイント

お子さんのことが大好きだから
そこに無限大の愛があるから叱るのです。
だって、親ですもの。

その2　叱ることへの思い込み

叱られるときって
どうして
いつも怒られるのかな？

「叱る」のイメージをいいものに

みなさんは、「叱る」と聞いてどんなイメージを持っているでしょうか。怖い？　悲しい？　恥ずかしい？　不安？　良いこと？　悪いこと？　人それぞれイメージは違うと思いますが、どうしてこのような違いが生まれるのでしょうか？

人の考え方、価値観の大部分は、過去の体験からできていると言われています。たとえば、「元気」という言葉一つとっても、「大きな声を出している人が元気」と思う人もいれば、「笑顔がある人が元気」と感じる人もいます。「健康な体を持っている人が元気」と考える人もいます。

でも、実際には大きな声を出している元気がない人だっているかもしれないし、体が健康でも、表面的には元気がなさそうに見える人もいるかもしれません。

なぜそのように思ってしまうのかというと、人はまわりの影響を受けて言葉を覚えていき、そこに自分なりの意味や解釈をつけて育っていくからです。

親、家庭環境、保育園や幼稚園の先生や友だち、学校、習い事、就職した会社などなど……。自分でも気づかないうちに、いろんな影響を受けて、今現在の価値観ができています。大きな声を出している人を見て、「おお、元気だな～」とお父さんが言っていたとか、いつも笑っている人を見て、「あの人は、元気な人ね」とお母さんが言っていたとか、そんな体験を通して言葉やその意味を覚えてきたのです。

心理学ではこれを「固定観念」とか「バイアス」と言ったりしますが、もっと簡単に言うと「思い込み」です。「良い・悪い」「こうあるべき」と感じているほとんどのことは、実は思い込みだということです。

思い込みがあるのは仕方ありません。誰だって、そうなのです。

大切なのは、**自分は思い込みを持っているということに気づき、必要に応じて言葉の意味合いを書き換えたり、アップデートしていくことです。**

「叱る」に関していえば、「親から何度も叱られた」「兄弟と比べられて叱られた」などの体験が多かった人は、「叱る」＝「悪いこと」と定義してしまっているかもしれません。

「学校の先生にガミガミ叱られた！」という体験が多ければ、「誰かが悪いことをしたら、強く叱らないといけない！」と思い込んでいる可能性があります。

そのような認識をしてしまっているなぁと思ったら、ぜひその意味を書き換えてみてほしいのです。

というのも、**親自身が叱られることに対してよいイメージを持っておかないと、子どもの心にネガティブな影響を与える可能性があります。**

「叱られること」＝「悪いこと」だと認識している子どもたちが、将来社会に出て、上司やお客さんなどに叱られたらどう感じるでしょうか？

「嫌われた！」「存在を否定された！」と感じて、ポキッと心が折れてしまうかもしれません。実際、このような例はとても多いのです。

叱ること＝厳しく注意することではない

考え方、思い込みを書き換えていくには、まず、叱ることの本来の目的を思い出してみることです。

親が子どもを叱るというのは、行動を改善して、よりよい方向に進んでほしい、幸せになってほしいという目的があります。決して、子どもを不幸にしたくて叱っているわけではありません。

「叱る」を私なりに定義すると、**「子どもによりよい行動に気づいてもらい、その行動を習慣化し、幸せに導くプロセス」**と考えています。

叱るというと、「怒鳴る」「大声を出す」「強い口調で伝える」「できていないところを指摘する」というイメージや、思い込みをしている人も多いと思いますが、本来そのようにする必要はまったくないのです。むしろ、「褒める」ことがあってもいいし、「やさしく諭《さと》す」でもいいし、「小さな声で伝える」でもいいのです。

実際、私が提唱する基本的な叱り方は、いい行動を褒め、改善してほしいことはやさ～しく伝えて、子ども自身で気づいてもらうことです。

子どもが叱られたときに「いい印象」があれば、素直に親の言うことを聞き入れやすくなりますし、自分で考えて行動を見直してくれるようにもなります。叱られても、それが「気づき」「学び」につながっていくのです。それって、素敵ですよね。

子ども心のポイント

自分が大人に諭されて、学びになった、嬉しかった叱られ方を思い出してみましょう。

その3　子どもは楽しむ天才である

**困らせたいわけじゃなくて、

「楽しそうだから」

やってるだけなんだ。**

子どもがやらかしてしまう理由

「ちょっとちょっと！　なんでそんなことするの!?」

時に、大人がびっくりするようなことを、子どもたちはやってのけます。たとえば、

- **スパゲッティで遊んじゃう**
- **スーパーで思いきり走っちゃう**
- **ソファでガンガン飛び跳ねちゃう**
- **公園に行ったら帰りたくなくなる**
- **花火をふり回しちゃう**

……などなど。

するとつい、「それって私を困らせようとしてやってるの!?」なんて言いたくなってしまうかもしれないのですが、ちょっと待ってください。

子どもは、親を困らせようとなんかしていません。

ほとんどの場合、純粋に「楽しい」「おもしろい」と感じてやっているだけなんです。

水たまりがあったらすぐに入りたくなり、高いところからはジャンプしたくなるなど、危ないことでもなぜかワクワクしてしまいます。

また、水があれば水遊びをずっとできますし、土があれば泥だらけになっても遊べます。段ボールがあればすぐに切ったり貼ったりを始めます。

「高いところから飛び降りて遊んだ」「秘密基地をつくって遊んだ」「川でザリガニ釣りをした」など、子どもが夢中になる遊びには、ちょっぴり危なかったり、ドキドキ・ワクワクするような要素が入っています。みなさんも子どものときには同じようなことをしていたはずです。

子どもは、楽しむ天才です。

ですから、そのような行動を目にしたとき、まっさきに「そんな常識外のことをしたらいけない！」「危ないからやめなさい！」と注意するのではなく、**まずは「今、この子はすっごく楽しんでいるんだ。幸せを感じているんだ〜」と思うようにしてみてください。**

遊びを一所懸命楽しんでいる子どもは、たくさんの幸せを感じています。目の前のことだけに集中し、こちらがいくら声をかけても気づかないくらい全力で楽しんでいます。まさに、「今この瞬間を生きる」というマインドフルネスの域です。瞑想なんかしなくたって子どもは今を全力で生きることができます。そして、そんな楽しい経験の中から、たくさんの気づき、多くの学びを得ているのです。

「好き」は、クリエイティビティを生み出す

「論語」の中で、孔子はこんな言葉を残しています。

「これを知る者はこれを好む者に如《し》かず。これを好む者はこれを楽しむ者に如かず」

ものごとを理解し知っている人は、それを好きな人には及ばない、好きな人は、そのことを心から楽しんでいる人には及ばない、という意味になります。つまり、「**心から楽しいってホント最強だぜ**」ということです。

日本にも「好きこそものの上手なれ」ということわざがあるように、好きなことであれば楽しくできるし、楽しんでやればどんどん上達していきます。

その楽しいことを「ダメ！」と一方的に制限されたら、どうでしょうか？

「楽しいことはしちゃいけないんだな」と感じて、ものごとを楽しむ才能にふたをしてしまうかもしれません。

よく遊ぶほど、よく考えるようになる

もちろん、そのままやらせていては命にかかわるような危ないことであれば、やめるように教える必要もあります。

しかし、そのような場合でない限りは、できるだけ子どもの楽しみを止めずに、やさしく見守ってみてほしいのです。

幼児期によく遊んだ子どもは自分で考え、自ら行動できる力を身につけます。

一方で、遊ぶ機会が少なく、与えられた課題に取り組むことばかりやっていると、誰かからの指示を待つことに慣れてしまいます。

私が園長を務めている園では、「子どもミーティング」という時間を設けて、園での過ごし方、したい遊び、取り組みたいこと、チャンレジしたいことなどを、3歳の頃から一緒に話し合って保育に反映するという取り組みをしています。

たとえ3歳の子どもであっても、「自分のやりたいこと」があふれるようにあるのです。

大人からああしなさい、こうしなさいと言われたことではなく、「自分たちで選択したこと」には、子どもたちは目をキラキラさせながら主体的に取り組みます。

実際、自分の好きな遊びに、真剣に集中する子どもの様子を見ていると、「楽しむってこういうことだなぁ」と感じます。こんな時間を大切にしてほしいなと思うのです。

子ども心のポイント

「やめなさい」の前に、おうおう、今楽しんでるな、幸せを感じているな、と一呼吸おいて、子どもの背景を見てから言葉をかけましょう。

わーわー怒られると
何も考えたく
なくなるんだよね。

ガミガミは子どもを「指示待ち」にさせてしまう

これからの時代、「自分で考える力」が欠かせないと、さまざまな教育者が伝えています。私もこの意見に賛成で、私たちは今まで以上に自分で考えることを意識しないといけないと思うのです。

では、考える力がどうすれば育つのか？　というと、親子の日々の何気ないやりとりがとても大事になってくると思っています。

なかなか思いどおりにならない子どもを前にしたとき、一番簡単なのは、注意、指示、指摘をすることです。大きな声で怒鳴ったり、ガミガミと叱れば、子どもは確かにちゃんとするようになります。

でもそれは、大人の意図を汲み取って行動しているわけではなく、**大人に怒られると怖いし、ガミガミ言われたくないから、仕方なく行動するようになっていることが往々にしてあるの**です。

歯みがきでも、朝の準備でも、宿題でも、強くしつこく言われれば、その子は言われたとおりに動くでしょう。

しかし、これがずっと続けば、「親がぜんぶやるべきことを言ってくれるから何も考えなくてよくなる」ということにもなるのです。

すると自分で考える習慣がなくなり、「言われたときにやればいいや」と指示を待つようになります。

そうした子どもを見て、「うちの子は言うことを聞かないのよ」「ガミガミ言わないとできない子なのよ」とおっしゃるお母さんもいるのですが、それは、親から指示がないと動けなくなっているということでもあるのです。

子どもにとっては、管理してくれる人がいればとりあえず不便なく生活を送ることができますから、「いろいろ言われるけど、まぁ自分で考えるより耐えておけばいいや」という気持ちになり、どんどん考えることや主張をしなくなります。

逆の見方をすると、**「言うことを聞かない子」は、自分でやりたいことがある、自分で決めたいことがある、という意欲を持った子**と捉えることもできます。

大人には当然の感覚も、子どもにはそうでない

そのような理由があるため、叱るときには「子どもが自分で考えるにはどうしたらいい

か？」を軸にするのが大切なポイントになります。

たとえば、子どもの朝の準備が遅くて「15分後に出ないと間に合わない！」とき、なんと声をかけたらいいでしょうか？

「遅れるから早く着替えなさい！」は、ガミガミの言い方です。これだけでは子どもが自分で考えて行動することは難しそうです。

まず、どうしてうちの子はいつも準備がゆっくりなんだろう？　と原因を考えてみてください。

そもそも、子どもの準備がゆっくりになりがちなのは、時間の感覚が大人と違うことが大きな原因の一つです。

大人は時計を見て行動の見通しを立てて、「この調子で進むと遅れるな」と逆算することができますが、子どもにはまだその感覚がないのです。

ですから、漠然と「早くしなさい！」ではなく、早くしないといけない理由がわかるように、具体的に説明をします。


「長い針が６のところで出たら、間に合うよ」

といった具合です。

最初はうまくいかないかもしれませんが、子どもは「長い針が6のところに来るのは早いな〜」と、時計の進み具合を少しずつ体感的に学んでいきます。

すると、少しずつ「6のところに来るまでに、着替えとごはんと歯みがきが終わっていないといけないな」と、子どもなりに考えるようになっていくのです。

考える力は、大人が教えたり指示したりするのではなく、子どもに考えるきっかけを与えることで育まれていきます。

大人が考えて先回りして、子どもに「答え」や「正解」を教えるのではなく、子どもが考えることをたくさんサポートし、子ども自身に気づきを体験してもらうことが大切です。

子ども心のポイント

主張＝意欲。
子どもがわかっていないことを先回りして、
自分で考えるヒントをあげましょう。

その5　自己主張

「イヤだ」も「ほしい」も「やりたい」もわがままを言ってるつもりじゃないんだ。

わがままかどうかは、大人が決めていること

子どもは2～3歳くらいになってくると、食べたいもの、着たい服をハッキリ言うようになり、また大人が手出しをしようとすると「自分で選ぶ」という機会がどんどん増えていきます。

同時に、大人からすると「危ないな」と思うことや「わがままだな」「それはおかしいよ」と感じる機会も増えてくるでしょう。

しかし、それを「魔の2歳児」や「わがまま」という枠にあてはめてしまうと、子どものせっかくのやる気や考える力、コミュニケーション力を奪ってしまいかねません。とても、もったいないことなのです。

自己主張とわがままは、似ているようで違います。

「自己主張」というのは、自分自身がしたいこと、言いたいことを伝えること。一方で「わがまま」は、相手がイヤがっていることや、社会的に許されないことにもかかわらず、自己主張を押し進めていくことだと私は解釈しています。

実は、**わがままかどうかは大人が判断していることであり、子どもにとってはすべてが**

自己主張なのです。

迷惑をかけたくてわがままを言っているのではありません。

「お母さん、お父さん、こんなことってできるのかな？　できないのかな？」と自己主張として意見を伝えているにすぎないのです。

ですから、子どものわがままに思えるようなことも「これを買いたいんだ〜！」「まだ遊びたいんだ〜！」など、「自分の意見を必死に伝えようとしているんだ」と捉えてみてはどうでしょうか。

落としどころは自分で考えてもらう

子どもの意見をしっかり聞いた上で、それが難しいこと、大人として許せないこと、社会で許されないことであれば、そのことを丁寧に教えてあげてほしいと思います。

これを会社に置き換えてみてください。会社や世の中のために「こんなことがしたい！」と意欲をもって提案した部下の気持ちを無視して、「そんなバカなこと言うな！」「お前は自分の仕事だけしてればいいんだ！」「前例がないんだよ」と叱るのって、とってもイヤ〜な上司じゃないでしょうか。

「わがままはいけません！」という単純な叱り方は、実はこれと同じことで、せっかくの子どもの気持ちをないがしろにしてしまっています。

丁寧に話し合えば納得できたかもしれないのに、そもそも話し合いの機会を奪うことになり、わだかまりができてしまいます。

大人同士と同じように、対話や議論を何度もしていけば、お互いにわかり合えること、落としどころも見つかっていきます。

たとえば、おもちゃ売り場で「おもちゃ、買いたい、買いたい！」と駄々《だだ》をこねたとしましょう。

このようなときには、

「なるほど、じゃあどうしたら買えるだろうね？」


と質問をしてみてください。

すると、子どもは自分なりに考えます。

「誕生日のときまで待ったら？」と、答えを考え出せたりするのです。

子どもが主張をしてきたときには、「おお、新しい提案をしようとしているぞ」「プレゼンテーションをしてくれているよ」「自己主張ができているね」という視点でぜひ話を聞いてみてあげてください。

そうすることで、子どもたちの考える力、提案する力、コミュニケーション力はどんどん高まっていきます。

子ども心のポイント

子どもの主張は「プレゼンテーション」だと考えてまずは聞いてあげましょう。

その6　まねぶ

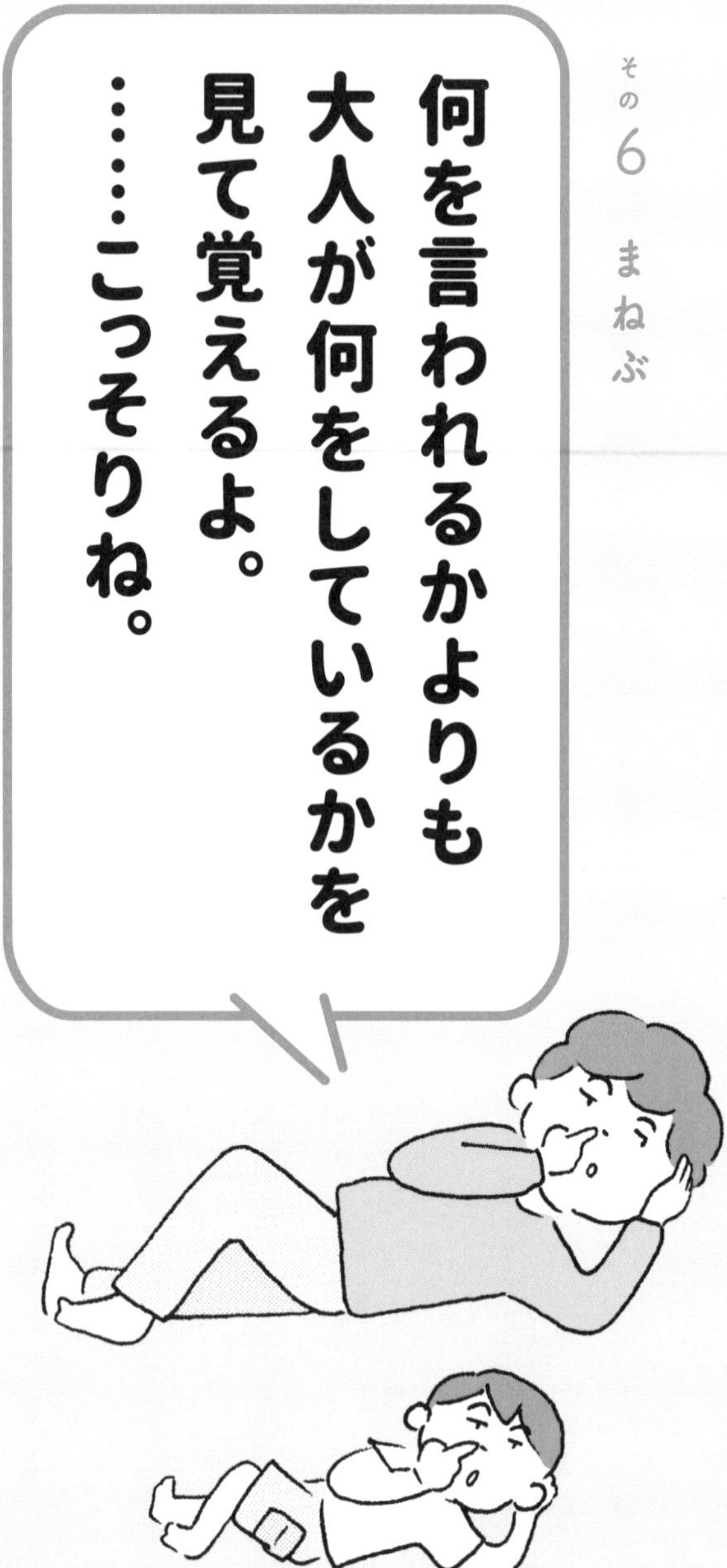
何を言われるかよりも
大人が何をしているかを
見て覚えるよ。
……こっそりね。

10の言葉より1つの行動

子どもの成長は早いですよね。そんなこと教えてないのに！ ということもいつの間にかし始めたりします。「子どもは親の背中を見て育つ」ということわざがあるように、子どもは大人の言動を見聞きしながらマネをし、学んでいるからです。

そもそも、学ぶの語源は「真似《まね》る」にあり、昔は「まなぶ」も「まねぶ」も同じ意味の言葉として使われていたと言われます。つまり、人のマネをする＝学ぶことの原点だということです。

まったく同じことが心理学でも言われていて、カナダの心理学者アルバート・バンデューラは、「人は他者の行動を観察し、それをお手本として学んでいる」というモデリング理論を提唱しています。

では、何歳から子どもは親のマネをするのかというと、**1歳半頃にはすでにまわりの大人のことをマネする**ことがわかっています。

ただし、問題が一つあります。その行動が「いい行動かどうか」を判断せずにマネをしてしまうということです。

親の言うことはなかなか聞いてくれませんが、その後ろ姿は見てしっかり学んでいるということですね。

私の娘も、私がパンツ一丁でベッドに寝ていたのを見て、「お父さんのマネして寝るね」と半裸で言ってきたことがあります（笑）。それくらい、すぐにマネをしてしまうのですね。

先ほど紹介した心理学者バンデューラの実験では、大人がビニール製の人形に暴力をふるう様子を子どもたちに見せました。すると、それを見た子どもたちも同じように人形に乱暴した一方、人形とやさしく遊ぶ大人を見た子どもたちは、人形に乱暴をしなかったのです。

これはつまり、**どんなふうに叱るかということ以前に、普段からの親の行いやふるまいの影響が非常に大きい**ということです。

たとえば、「自分からあいさつができるような子になってほしい」と願うのなら、親自身が理想的なあいさつをする姿を見せるのが一番です。

「おはよう」「こんにちは」「こんばんは」「ありがとう」「ごめんね」は、どのタイミングで使えばいいのか、どんな態度で伝えるのか、言葉ではなかなか伝わりませんが、親の毎日の行動を見て勝手に吸収していきます。

ですから、「あいさつしなさい！」とお母さんに言われていても、お父さんが保育園の先生たちに元気にあいさつをしていなかったら、「そんなもんでいいのか」とイマイチなあいさつを覚えてしまいます。どうしてだか、子どもというのはよくないほうの習慣や悪い言葉を進んでマネしてしまう傾向があるのです（笑）。

決して完璧な親を演じる必要はありません（むしろ、完璧さは子どもに窮屈さを感じさせる原因になります）。

ただ、子どもは良かれ悪しかれ、そんな私たち大人の様子を見ているのであり、ごまかしはきかないんだということを覚えておいてほしいと思います。子どもたちの今の姿は、親の姿の鏡なのです。

子ども心のポイント

子どもの姿は、親の姿。
子どものふりを見て
わがふりも見直していきましょう。

その7 反抗期？と思ったら

ぐずるのも、怒るのも、イヤイヤも、「安心させて」って意味なんだよね。

不安のサインに気づく

子どもはみんな、とても敏感で繊細な感性を持っています。

入園、進級、進学、卒業など環境の大きな変化はもちろん、お母さんが風邪をひいているとか、昨日の夜お父さんとお母さんがケンカしていたとか、大人からしたらほんの小さなことに思える出来事でも、心が不安になってしまうことがあります。

子どもの成長には、そうした不安を察し、ケアしてあげることがとても大事です。

子どもが不安を感じているとき、必ずいつもと違う行動が出てきます。たとえば、

・園や学校でなんとなくみんなの中に入れない
・注意散漫で話に集中できない
・いつも以上にわがままを言ってしまう

などです。このようにいつもと違う一面が見えてきたときは「心が不安だよ〜。安心させてよ〜！」というサインです。

しかし、このことを知らずに子どもの表面的な行動だけを見ていると、「泣かないで保育園に行きなさい！」「みんなと一緒にいなさい！」「しっかり話を聞きなさい！」「わがままはいけません！」となってしまうのです。

もちろん、その注意は間違っていません。けれど、それはあくまでも「大人の常識にあてはめた場合」の話です。**子どもにとっては、行動が良いか悪いかが問題ではなく、不安があるということが一番の問題なのです。**

まずは事情を聞いてみる

そうした子どもの行動だけを見て「それは悪いことだからやめなさい！」と叱られると、子どもは悲しい気持ちになります。

そして、大人の前では心を隠して「きちんとする子」を演じるか、わかってもらえない気持ちががまんできなくて、同じ行動を繰り返す、もっとひどくなる、といったことが起きてしまいます。

ですから、子どもの様子がおかしいときには、

「みんなといられない心の背景はなんだろう？」
「話を聞けなかったり、活動に参加できない心の背景はなんだろう？」
「わがままを言う、反抗的になってしまう心の背景はなんだろう？」

と、子どもの心の状態を想像してみてほしいのです。

そんなやさしい気持ちで「どうしたの？」と聞いてみると、子どもは「お母さんがいい」と言い始めたり、言葉にならず涙を流しはじめたりします。また、信頼関係が築けていないことで反抗的になっていたことなどがわかってくるでしょう。

子どもの心が無理してがんばっていた分、強く甘えてしまいます。

心理学者のマズローは、**「子どもは傷を癒やしてあげることで、前進できるようになる」**と言っています。

がまんさせればがまんできる子に育つと思いきや、そうではないのです。その子の心の理解をしてあげることで、安心して成長でき、時にがまんできる子に育っていきます。

ですから、その行動をしてほしくないと願うのであれば、遠回りのようなのですが、その子の心に寄り添い、心の背景を見るようにしてください。子どもを安心させることで、おかしいなと思う行動は減っていきます。
なお、困った行動の原因として「熱がある」「夜寝るのが遅くなって眠たい」といった場合もあります。そのような体の状態や生活習慣もあわせてチェックしてみてください。

子ども心のポイント

いつもと違うのは、原因があるから。
心の不安なのか、体調の変化なのか、
大人視点ではなく、子ども視点で考えてみましょう。

その8 個性と学び

性格が違うんだから
学ぶスピードも
得意な学び方も違うんだよ。

結論から
話してもらえると
わかりやすくて
助かります

得意な学び方、理解の仕方はみんな違う

自分の子育ては、果たしてこれでいいのだろうか……。子育ての悩みはつきません。そんなときにぜひ知ってほしいことがあります。それは、**一番いい子育ての方法というのは、他でもないみなさんの子ども自身が教えてくれる**ということです。

人にはそれぞれ個性・特性があります。自分で目標をつくって達成していくのが好きな人、誰かに目標を与えてもらったほうが動きやすい人、毎日コツコツ習慣化するのが得意な人、まとめて一気に片づけたい人……。

そうしてたくさんの人がいるように、子どもにだって個性があります。それぞれ好き嫌い、得意・不得意が違いますから、効果的な学び方も違うのです。

「科学的に正しい方法」や「有名人が実践した方法」など、どんな子育てが一番いいのかなと調べることも大切なのですが、どんなときも一番大切にしてほしいことは、目の前の子どもを見ることです。相手が答えを持っているということです。

何も教えずに自然と学べる子がいれば、それが少し難しい子もいます。1を伝えて、10理解する人もいれば、10伝えて2とか3しか理解できない人もいます。どれくらい詳しく

伝えないといけないかも、人それぞれです。

たとえば、小さいときには歩いたり立ったりしながらごはんを食べることがあります。まわりの大人や友だちの様子を見て「ごはんは座って食べるものなんだ」と自然と理解していく子もいますが、一方で「詳しく説明してくれないとわからないよ」という子もいます。「大人だって食事の途中で料理に立ったり、冷蔵庫に調味料を取りに行ったり、テレビ見たり、スマホ見たりしながら食べてるじゃん。『静かに座って食べるのが正しい食べ方だよ』って教えてもらわないとわからないよ」

そんなふうに思う子だっているのです。

詳しい伝え方はこのあと2章からお伝えしていきますが、このように子どもの反応や普段の様子を見ながら伝え方を研究していくのも、親にとっての大切な学びなのです。

生まれ持った個性は消えない

そもそも個性はどうやって決まるのでしょうか?

生まれ持った性質なのか、育った環境で決まるものなのか、その関係については昔から研究が行われてきました。さまざまな研究を総合すると、その影響は半々くらいだと考えられています。

つまり、**半分くらいは家庭環境などで身につけていきますが、もう半分の、生まれつき備わった性質や個性は決してなくならない**ということです。

子どものいいところを伸ばすという意味では、私たち大人の「こうなってほしい」という希望を押しつけるのではなく、子どもの個性がどうやったら一番輝くだろうかという視点で子育てについて考えてみるのが大切でしょう。

バナナはリンゴになれないし、リンゴはバナナにはなれません。本来の性質をおさえつけようとしても、それは絶対にできないことなのです。「うさぎと亀」の話がありますが、うさぎと亀が同条件で競う必要なんてそもそもありません。うさぎは、足の速さで勝負すればいいいし、亀は泳ぎで勝負すればよいのですから。

誤学習に注意！

学び方に関してもう一つ補足しておくと、お伝えしたように子どもは大人を見本にして、どんどんマネして、学んでいきます。

しかし一方で、子どもを放っておいて任せるだけだと、「誤った学習（＝誤学習）」をしてしまうこともあるので注意してください。

たとえばスーパーのお買い物では、子どもはお菓子コーナーにまっしぐらに行きがちです。当然、野菜やお肉よりもお菓子のほうに興味がありますからね。

そのとき、「もう帰るよ」とお母さんに言われると、「え、買ってくれないの!? ギャー！」と悲しくなって、その気持ちがおさまらずに、泣いたり、叫んだり、怒ったりすることがあります。

こんなときに、どうするでしょうか？

「しょうがないわね……。こんなに泣かれると恥ずかしいから１つ買っていいよ」となってしまうと、子どもはこう思います。

「え、まじ？ 買っていいの？……お、もしかして、泣いて叫ぶと買ってもらえるんだ!?」

といった学び方をしてしまいます。

すると、次にスーパーに行ったときや、他の場面でほしいものがあったときも同じ行動を繰り返すことで、希望が通るんじゃないかと「誤学習」をしてしまうこともあるのです。

最初から約束をしていたのなら別ですが、「お菓子を買わない」と決めているのだったら、断固として拒否することが子どもの学びにとってはよい場面があるのです。
「子どもは成長につれて『自然と』学んでいく」というのは間違いではないのですが、それだけでは不足が出てくる場面もあるので、注意してください。

子ども心のポイント

誰かの子育て法よりも、
もっと大切なことは、目の前の我が子を見ること。
子育ての答えは、子どもが持っています。

その9 ノー・ジャッジメント

「ルールなんだから」って言われても困るよ。大人の考えたことはムズかしいのです。

男の子のランドセルが「黒」なのは、どうして？

人間は、誰しも固定観念（思い込み）を持っています。

たとえば、「こうすべき」「こうあるべき」という考え方、「これはあたりまえ」というルールや常識がその例です。

このような感覚は、育ってきた環境の中で知らず知らずのうちに身についています。注意が必要なのは、この固定観念だけで子どもを叱ってしまうことです。

たとえば、保育園では年齢にかかわらず一斉にお昼寝させているところもありますが、子どもにとって必要なお昼寝の時間はそれぞれ違います。

中には、「お昼寝がイヤだ」「ストレスになる」「夜眠れなくなってしまう」という子もいます。

2004年のアメリカの調査によれば、昼寝する必要のない子どもの割合は3歳で約4割、4歳で約7割、5歳で8割、6歳ではほとんどの子どもが昼寝の必要性がなくなることがわかっています。

必要以上のお昼寝の強制は、夜の睡眠に影響が出たり、幼児にストレスを与えたりする

ことがわかっていて、全国の保育園などでお昼寝に関する見直しが行われています（ただし、親の仕事の都合で夜が遅くなる場合は、お昼寝をしておいたほうがいい場合がありますので、それぞれの子どもの発達や家庭状況に合わせて、園と相談する形がベターです）。

にもかかわらず、そのことを知らない先生が「早くお昼寝しなさい！」と強制してしまうことがよくあります。

似た例では、日本の学校給食は20分ほどで食べるように指導されることが多いのですが、フランスではお昼休みが2時間あり、家に帰って食事をする人もいます。

「早くご飯を食べなさい！」というのも、日本という文化がそうさせているのであって、ゆっくり食事をすること自体は悪いことではありません。時間が問題なのではなく、食事をおいしく、幸せに食べられていることのほうが大切だと私は思います。

また、日本では仕事中に居眠りしていると「怠け者だ」と考えられることが多いですが、仕事の合間に昼寝をするシエスタの習慣を持つ国が30ヵ国以上あるとも言われています。

世界的に見ると、日本のほうがよっぽど変わっているということも少なくありません。

男の子は黒のランドセル、女の子は赤のランドセル、というのが一般的な考え方かもしれませんが、幼児期の男の子に「ランドセルは何色がいい？」と聞くと、かなりの割合で

「赤！」と答える子がいます。

その理由は、戦隊モノの主役は多くの場合「赤」だからです。「主役が赤」というのも固定観念ですが（笑）。「女の子だからこうあるべき」「男の子だからこうあるべき」というのも、一つの考え方にすぎないということです。

さらに、日本の学校は朝8時くらいから始まるところが多いですが、アメリカ・ワシントン州シアトルの高校では、始業時間を1時間ほど遅らせてみたところ、生徒の睡眠時間が約30分長くなり、成績や出席率が高まったという結果も出ています。

思い込みをはずす努力をしよう

こんなふうに、今までは「それがあたりまえ」と言われてきたことも、よくよく考えてみると「それって本当？」ということはいくらでもあります。

大人側の「そうなっているから」「それがルールだから」というのは、子どもには納得がいかないことや、時代にそぐわないことがたくさんあるのです。

子どもからしたら、「そんなの大人が勝手につくったルールでしょ？」ということになります。

実際、これまでは「何が正解か」を明確に示すことが教育の目的となっていましたが、今では「一歩先は誰にもわからない時代」になっています。

情報自体はインターネットで簡単に手に入りますから、これからの時代に重要なのは知識の有無ではなく、調べた情報を見極めたり、「本当にそうかな？」と多面的・批判的に考えること（クリティカル・シンキング）と言われています。

たとえば、「桃太郎」は桃太郎が鬼を退治する話ですが、鬼の視点に立ったらどうでしょうか？　なぜ退治されないといけないのか？　本当は何か言い分があったんじゃないか？　親を殺された鬼の子どもはどんなことを感じているのか？　そんなことを子どもが考える機会があってもいいと私は思います。

自分自身の視点が正解でないことは往々にしてありますし、自分が正義だと思っていたことも、実は違っているかもしれない、ということはあります。

今までの経験や知識だけで子どもを注意、指摘、批判したり、一つの見方で「良い、悪い」をジャッジしてしまうことは、これからの時代を生きる子どもにとっては、不都合や不足が出てきてしまうかもしれません。

まずは私たちが「正しさ」や「常識」ということにとらわれず、ニュートラルに考えることが何より重要です。

私自身、自分の子どもや園の子どもたちと毎日ふれあっていて、彼らの成長スピードには驚かされます。生まれてから1年ほどで歩けるようになり、2年ほどで言葉が使えるようになり、気づけば多くの友だちと遊べるようになっていきます。

こんな劇的な成長、大人にできているでしょうか。私たちも子どもたちに負けないように日々成長を目指していくことが、結果として子どもの考える力を育むのではないかと思うのです。大人も、がんばらないといけません。

子ども心のポイント

子どもの考える力を育てるには、大人のニュートラルな考え方が必須です。それって本当？　を習慣に。

第2章

褒める叱り方だって、あるんです

その10 注意しない叱り方

注意はイヤだけど、褒められるとつい動いちゃうよね。

褒めることを基本に

叱るというと、怒鳴る、厳しく注意するというイメージが一般的ですが、実は「褒める」も叱るの一種です。子どもたちの行動をよりしっかりと定着、習慣化させるには、「褒める」ことがとっても重要になります。

重要というより、むしろ**「褒める」ことを「叱る」の基本にしてほしいのです。**

発達心理学者のエリザベス・ハーロックは、賞罰実験（褒められたり、怒られたりする実験）を行いました。ハーロックは、子どもたちを3つのグループに分けて、数日にわたって計算テストをさせました。

A……テストのたびに「できたところを褒められるグループ」
B……テストのたびに「できていないところを怒られるグループ」
C……テストがどんな結果でも「何も言われないグループ」

この結果、Aの「できたところを褒められるグループ」は約70％の生徒の成績が上がり、

Bの「できていないところを怒られるグループ」は約20％の生徒の成績が上がりましたが、成績が上がったのは最初だけで、あとは下がっていきました。そして、Cの「何も言われないグループ」は約5％の生徒の成績が上がるという結果となりました。

このように、「褒められる」＝「できていることを認められる」ということは、大きなモチベーションにつながることがわかります。

一方Bのグループのように「ここがダメだ」とダメ出しされると、一瞬はやる気が出る人もいますが、それが続けばやる気がなくなってしまうのです。

「叱る」の基本を「褒める」にしてほしいというのは、こういうことです。

今できていることを見てあげる

食事を例にすると、ごはんをボロボロこぼされると、親にとっては大変ですよね。「も～、なんでボロボロこぼすの！」とイライラしてしまいますが、そこは一瞬、グッとこらえてください。

できていないことを指摘するのではなく、「席に座って静かに食べているね」「こぼさないで上手に食べているね」など、**今できていることを褒めてあげてください。**すると、子どもは嬉しくなって「次もそういうふうに食べてみようかな」と行動を変えてくれるようになります。

当然ながら、子どもは何がいい行動で、何がよくない行動かわからない状態で生まれてきます。大人がいい行動に注目して言葉をかけてあげることで、その行動がよい行動、世の中に望まれている行動なんだとわかっていくようになるのです。

今日1日を振り返ってみましょう。子どもにかけた言葉の中で、褒め言葉と、注意、指摘した言葉、どちらが多いでしょうか。

そもそも、どんな人も赤ちゃんの頃はたくさん褒められて育ってきました。

「ニコッ」と微笑んだだけで「すごいねぇ！」と褒められましたし、寝返りしたときも、つかまり立ちしたときも、大人は拍手して喜んでくれたことでしょう。初めて歩いたときなんか、家族総出でパーティーを開いてくれたかもしれません（笑）。

赤ちゃんの頃には「こんなことができるようになった」という一つひとつの成長にまわりの大人は感動して、時には涙を流して喜んでくれます。

でも、だんだん大きくなってくると、褒められる機会はなくなっていきます。

悲しいことに、「そんなのやれて当然だろ！」「なんでできないんだ！」なんて言われることのほうが多いかもしれません。

注意、指摘、批判などのネガティブな言葉は、心の栄養を奪っていきます。人は心の栄養がなくなると、人にやさしくなれず、自分自身にもやさしくなれなくなります。「こんなことじゃダメだ！」「私は何もできない！」と、何をしても自分を責めてしまうのです。

褒めるというのは、その人や自分のできているところを認めて、「あなたはそのままでいいんだよ」というメッセージを伝えることでもあると思うのです。

そのままでいい、十分である、というところがたくさんあるのです。

自分のいいところがわかっているほど、人のいいところに目が向き、世の中のいい側面にも目を向けることができるようになっていきます。

子ども心のポイント

できていないことの前にできていることに目を向ける。子どもに伝わる叱り方、基本のきです。

その11

褒め上手になる5つの型

ホメホメの呪文「イ・オ・プ・カ・シ」。

褒め上手は、伸ばし上手

褒めるのが大切だとお伝えしましたが、「それ（褒めるの）が難しい」「いい言葉が見つからない」という声も聞かれます。

実は、褒め言葉でなくとも、子どもに「注目」するだけでも十分伝わります。

アイコンタクトや親指を上げる「グー」「いいね」や、親指と人差し指で丸をつくって「マル！」と言ってあげるだけでもよいと思います。

ただ、より子どもの才能や長所を伸ばすことにもつながる方法として私がおすすめしたい褒め方は、「イ・オ・プ・カ・シ」。

イ……イイトコ褒め
オ……オドロキ褒め
プ……プロセス褒め
カ……カンシャ褒め
シ……シツモン褒め

褒めるときの型の5つの頭文字をとって「イ・オ・プ・カ・シ」の呪文です（笑）。

それぞれ説明していきましょう。

子どもの才能を見つけるイイトコ褒め

まず、「イ・オ・プ・カ・シ」のイは、イイトコ。つまり、子どものいいところを見つけて褒めようということです。

褒めることは、子どもたちのいいところを見つけることから始まります。

「この子の将来が不安だわ〜」なんておっしゃるお母さんもいますが、人は放っておくと短所や欠点ばかり見てしまいます。

これは人間の社会システムなどが関係していると言われていて、人の短所を見ることで「自分のほうが優位だ」ということをつい確認したくなってしまう心理からだとも言われています。

またもう一つの要因として、「イイトコ」に対してのハードルが高すぎることもあります。

「イイトコ褒め」は、運動会で1位になったから、空手大会で優勝したから、テストで

100点を取ったから、など結果を残したから褒める、何かができるようになったから褒める、といった条件つきのイイトコではありません。

本人が持っている力を見つけて認めてあげること。つまり、才能の原石を見つけて、磨いていくイメージです。

人は誰しもいいところを持っていますが、それを本人が認識し、磨き、伸ばすように促していくことで何十倍も何百倍も輝いていくようになります。

「友だちにやさしくする力を持っているね」
「おもしろいことを言ってまわりを喜ばす力を持っているね」
「コツコツ努力する力を持っているね」
「意見をしっかり伝える力を持っているね」
「一つのことをやり抜く力を持っているね」
「ご機嫌になる力を持っているね」

このように、内容はなんでも構いません。「～する力を持っているね」と伝えることで、子どもたちは自分の長所、魅力を意識しはじめ、勇気を持つことができるようになります。

そうして自信を持つようになってくると、不思議と人の短所や欠点が気にならなくなってきます。意見の違う人に出会っても、「そういう考えもできるのか」と捉えることができたり、「私にも教えてください」と相手を尊敬できたりするのです。

子どもが生まれたときの気持ちを大切に

イイトコを探すときのヒントとして、園の職員がこんな話をしてくれたことがあります。

「私が息子を出産したとき、もう信じられないほど痛くて、ギャーギャー叫んでいたんですが、やっと生まれてきてくれた息子を見たときには、『生まれてきてくれてありがとう、生まれてきてくれただけで本当に嬉しい』と涙が出てきました。

そんな私に助産師さんが、『その気持ちを忘れないでくださいね。大きくなったら、こんなふうになってほしい、こんなこともあんなこともできてほしいと親の期待がどんどん高まっていくの。生まれてきてくれただけでありがとう。嬉しい。という気持ちを絶対に忘れないであげてください』と言ってくれました」。

本当に、この助産婦さんの言葉どおりだと思うのです。

あれもこれもつい欲張ってしまいたくなりますが、生まれてきてくれただけで、今元気にいてくれるだけで、それがどれだけ奇跡的で、幸せなことかと思うのです。

ぜひ、みなさんもお子さんが生まれたときの気持ちを思い出してみてください。そんな喜びの状態で子どもを見ると、また違った見方ができるようになりますよ。

子ども心のポイント

「○○の力を持っているね」と言われると、子どもはそのとおりに自分を伸ばそうとします。

才能の原石に目を向けましょう。

「おっ！」「ひょえ～！」から始めるオドロキ褒め

オドロキ褒め

「イ・オ・プ・カ・シ」の呪文のオは、オドロキです。

子どもがした行動に対して笑顔で素早く、

「おっ！　いいね」

「おっ！　そんなこともできるようになったんだ！」

「おっ！　えらいな～！」

「おっ！　立派だ！」

「おっ！　嬉しいな！」

など、「おっ!」を、褒め言葉の頭につけてみてください。

喜び、悲しみ、驚き、感動などがストレートに伝わりやすくなります。

この「オドロキ褒め」は、まったく難しく考える必要はありません。「おっ!」だけですから(笑)。

オドロキ褒めの応用編は、「**ひょえ〜!**」です。

驚きでつい気持ちが口に出てきてしまうことを「感嘆《かんたん》」と言いますが、普段から隠さず声に出してしまえばいいのです。カンタンですよね(笑)。

実際、子どもは大人に驚かれることが大好きです。驚けば驚くほど、笑い転げてくれます。

そして、「自分は大人を驚かせるほどのことができるんだ!」という勇気や自信も引き出すことができます。

「教えて!」と言うとがんばりだす

子育てというのは、親が子どもに指導しなければいけない、指導的立場に立たなければいけないもの、とつい思い込んでしまいますが、親が子どもに勝てないことがあってもまったく問題ありません。

保育園の園庭でKくんが縄跳びにチャレンジする様子を見ていたときでした。Kくんの縄跳びの腕前は、がんばってもやっと2回跳べるくらいです。

そこへある先生が通りかかり、こう声をかけました。

「えっ！　Kくんすごい！　先生、縄跳びできないのよ！」

そう。その先生は縄跳びが苦手だったのです。

するとKくんは、「先生、縄跳びできないの？（しようがないな〜）僕が教えてあげるね」と、先生に跳び方を上機嫌で教えはじめます。

そして次の日からKくんは毎日、その先生を見つけては縄跳びを教えてくれるようになります。

先生に教えるために、Kくんは家で縄跳びの特訓をしました。

その結果、1週間で10回以上跳べるようになったのです。

これにはKくんのお母さんも驚いて、「家で何度も何度も練習するから、何事だろうと思っていました」とおっしゃっていました。

子どもも大人も同じで、上から目線で「がんばってるじゃん」とか「もっとこうしたら？」とか、評価されるように褒められてもあまり嬉しくありません。

しかし、上下の関係性ではなく、対等な関係性からの言葉は嬉しいもので、心にスッと入ってくるのです。

ぜひ、「まだ子どもだから」と思わず、純粋に一人の人間として尊敬して言葉をかけてみてください。その言葉は、子どもの自己肯定感を育てていきます。

子ども心のポイント

オドロキ！

そしてカンタン！

さらに「教えて！」で子どもは自信を身につけます。

結果ではなく努力の過程に注目するプロセス褒め

プロセス褒め

「イ・オ・プ・カ・シ」のプは、プロセス。つまり、ものごとに取り組んでいるときの「過程」や「努力」を褒めようということです。

一般的に、褒めるというとその子のすごいところを褒めなくてはと考えて、「結果」や「能力」にフォーカスして、褒めようとするかもしれません。

ですが、結果や能力を褒めるというのは、実は子どもにとってよくない影響を与えてしまう可能性があるかもしれません……。

コロンビア大学の心理学者ミュラーとドゥエックは、小学生約400人を対象に、こんな実験を行いました。

まず、全員に簡単な知能テストを受けてもらいます。このテスト後、グループを3つに分けます。実際の点数にかかわらず「テストは80点以上でした」と伝え、グループごとに違う言葉をかけ、もう一度別のテストを行ってもらうという実験です。

Aグループ「テストは80点以上でした。本当に頭がいいですね！」（能力を褒めた）
Bグループ「テストは80点以上でした。よくがんばりましたね！」（プロセスを褒めた）
Cグループ「テストは80点以上でした」（成績を伝えたのみ）

こうして声をかけたあと、もう一度テストを受けてもらうのですが、このとき子どもたちは「1回目より難しい問題」もしくは「1回目と同じくらい簡単な問題」を選ぶことができます。

すると、こんな結果になったのです。

・能力を褒めたAのグループは、35％が1回目より難しい問題を選んだ
・プロセスを褒めたBグループは、90％が1回目より難しい問題を選んだ
・成績のみを伝えたCグループは、55％が1回目より難しい問題を選んだ

おもしろいことに、能力を褒められたAグループより、ただ成績を伝えられたCグループのほうが難しい問題を選ぶ確率が高くなりました。

そして最後、3回目にはどのグループにも難しいテストを行ってもらったのですが、**プロセスを褒められたBグループの子どもたちは、平均点数が30%伸びました。一方、能力を褒められたAグループは、平均点数が20%も低下しています。**

3回のテストのあと、子どもたちには自分の成績を発表してもらうのですが、Aグループの子どもたちは、どのグループよりも点数をごまかす割合が多いこともわかりました。

つまり、Aグループの子どもたちは、能力の結果を褒められたことによって、「いい結果を出す自分でいなければ」とプレッシャーを感じ、失敗を恐れるようになってしまったのです。そのために難しい課題を避け、結果をごまかしてしまいました。

逆に、プロセスを褒められたBグループの子どもたちは、「いい成績を出す」というゴールよりも、チャレンジすること、努力することに喜びを感じるようになったのでしょう。

成績を伝えただけのCグループは、結果的にAグループよりも難しい問題にチャレンジしており、**「ヘタな褒め方は逆効果になる」**ということでもあるのです。

結果で褒めるのはジャッジにつながる

もちろんテストでいい点数を取ったときに「わぁ100点、すごいね！」と褒めることは悪いことではないのですが、結果が出たときだけ褒めるようになると、この実験と同じような結果になってしまう可能性があります。

つまり、いい成績のときだけ褒めて、そうでないときは褒めなかったり、「ダメだね」と指摘したりというのは、子どものチャレンジする意欲を逆に奪ってしまうことがあるのです。

「がんばってて素晴らしいね」「苦手なのに一生懸命にやれるなんてえらいなぁ」など、努力のプロセスを普段から意識して褒めてほしいのです。

大人も同じですよね。

仕事が忙しくて帰るのが遅くなってしまった。それでも夜ごはんをがんばってつくったのに……パートナーから「うん。まぁまぁだね」「品数が少ないね」なんて言われたら、「じゃあ自分でつくりなさいよ！」という気持ちになりますよね（笑）。

でも、「忙しいのにありがとうね」という一言だけあれば、つくってよかったと、モチベーションも違ってくるはずです。

結果を褒めるというのは、どうしても「良い・悪い」というジャッジメントの要素が入ってしまいます。

良い・悪い、正しい・正しくないというモノサシは、子どもに余計な先入観を与え、意欲の低下につながりかねません。

子ども心のポイント

結果についての評価はジャッジメント（良い・悪い）が生まれます。ぜひ、努力の過程を褒めてあげてください。

「褒められないとやらない」がなくなるカンシャ褒め

カンシャ褒め

「イ・オ・プ・カ・シ」のカは、感謝のカです。

知り合いのベテラン保育士さんに「先生は子どもの頃、褒められて育ちましたか？」と聞くと、

「私たちの時代は褒められるってことはあまりなかったわね。でも、代わりに『ありがとう』って言葉はたくさんかけてもらった記憶があるわ。兄弟姉妹、家族が多くて、家も農家をしていたから、お世話したり家業を手伝ったりするのがあたりまえだったのよ。『ありがとう』の言葉が私の何よりの褒め言葉だったわ」

そんなふうに教えてくれました。

自分のしたことに「ありがとう」と感謝を伝えられることは、大きなモチベーション、やりがいにつながるのです。

お手伝いをしてくれたり、元気にあいさつしてくれた子どもに「えらいね」「上手だね」と声をかけると子どもは喜んでくれますが、それ以上に「お手伝いしてくれてありがとう、助かったよ」とか、「元気にあいさつしてくれてありがとう、こっちも元気になったよ」と、自分の喜びを感謝で伝えると、子どもたちは「自分のしたことで喜んでもらえた」と、より嬉しい気持ちになります。

人を喜ばせることに喜びを感じやすくなるので、「褒められないからやらない」「褒められないから努力しない」ということはないのです。

感謝は循環する

進化人類学を研究するマイケル・トマセロによれば、人は生まれながらに協力しようとする力を持って生まれてくるようです。

実験では、多くの子どもが初めて会う大人に対して親切な協力をしたと伝えられています。たとえば、両手がふさがっている状態で扉を開けにくそうにしていると扉を開けてくれた、障害物をどけてくれた、大人の失敗を訂正してくれた、手の届かないものを取ってくれたなどです。

24人中22人の子どもが同じような行動をとり、しかも、1歳くらいの子どもであっても協力してくれたと言います。

しかし一方で、**子どもたちに過剰なご褒美を与えることで、協力する行動が少なくなる**こともわかりました。

心理学では「過剰正当化効果」というのですが、本来は単なる親切心で協力したことであっても、「過剰なご褒美」を与えられると、次からはご褒美が行動の目的になってしまうというものです。つまり、「ご褒美がないのなら行動しない」という心理が助長されてしまうのです。

子どもがお手伝いや親切な行動など、人に協力をしてくれたときには、大げさに褒める必要も、ご褒美をあげる必要もありません。ただただ、「ありがとう」という感謝の気持ちを心から伝えることで十分なのです。

なおもう一つ、感謝は伝える側にもいいことがあります。

カリフォルニア大学の心理学教授ロバート・エモンズは、「感謝の日記」や「感謝の手紙」を書き、感謝の気持ちを表現することで人間関係や健康にいい影響が起き、ネガティブな感情をふせぎ、幸福をもたらすと伝えています。

感謝は循環するというわけですね。

どんな小さな行動でもいいので、ぜひ、感謝を伝えてあげてください。

子ども心のポイント

大きすぎる見返りは
子どものやる気を奪うこともあります。
感謝の気持ちが伝わることが、一番のギフトです。

「どうしたらそんなふうにできるの？」子どもの自信が増すシツモン褒め

シツモン褒め

「イ・オ・プ・カ・シ」、最後のシは質問（シツモン）褒めのシです。

シツモン褒めとはすなわち、「褒めながら質問をする」という伝え方です。

私の小学2年生の娘は、文字を書くことが大好きで、学校の授業の中で大好きな科目は「書写」だと言います。

私は文字を書くこと（手書きすること）が好きではないので純粋に尊敬しており、「どうやったらそんなきれいな字を書けるの〜？」と質問をすると、「こうやったら書けるよ！」と自信満々に教えてくれます。

「字がきれいだね！」と、褒められるだけでも嬉しいのですが、「褒め言葉＋質問（＝シツモン褒め）」にすることで効果が倍増します。

誰かに料理をふるまったとき、「おいしい！」とただ言われるより、「おいしい！　どうしたらこんな料理つくれるんですか？」と興味をもって聞いてもらえると、より嬉しく感じますよね。

人はまわりから頼られることで大きな存在意義を感じ、自信につながっていきます。また、問いかけることで**子どもの言葉を引き出したり、自分の得意なことを認識したり、どうやったらできたかという過程を確認することにもつながる**のです。

園でカブトムシやカマキリを折り紙でつくる男の子がいました。

「本当にTくんは折り紙が得意だな〜。どうやったらそんなふうにできるの？」と聞いてみると、Tくんはキラキラとした笑顔で、私の顔を見るたびに新作をプレゼントしてくれるようになりました。

Tくんは登園をイヤがること（＝登園渋り）がたまにある子でしたが、「折り紙の新作を園長先生にプレゼントしないといけないんだ！」という使命感が出てきたようで、登園渋りがなくなったとお母さんも喜んでくださいました。

「折り紙が得意」というたった一つの自信を身につけるだけで、他の場面でもポジティブになることができたのです。アプローチの工夫で、子どもたちの気持ちがコロッと変わることは往々にしてあります。
子どもたちの自信を「シッモン褒め」で引き出してあげましょう。

子ども心のポイント

得意なことをシッモン褒めすると、自信がつき、もっと意欲が増して、再現性も高まります。

その12 エラーレストレーニングのすすめ

失敗から学ぶなんてムリ！
最初からうまくやって褒められたい！

褒められる状態を用意する

大人が子どもをガミガミ叱りたくなるのは、多くの場合、大人が期待するレベルのことを子どもができていないときです。

たとえば園の朝の会で、床に座って先生の話を聞くのが難しい子が、集中できずに体を動かしたり、寝転んだりすることがあります。

このとき先生たちは、「集中してちゃんと話を聞いてください」と言ってしまいたくなるのですが、子どもにとってレベルが高すぎる要求ではないか、まず考える必要があります。

というのも「集中してちゃんと話を聞いてほしい」の内容を具体的に言うと、「体を動かさずに、ピシッとした姿勢で座ったまま、話に耳を傾けて、話の内容を理解してほしい」ということです。

しかし、子どもたちからすれば「あ〜あ〜今日も家でお母さんといたいな〜先生の話を聞くのってつらいよね〜」なのです（私たちも昔はそうだったはずです）。

また、集中して話を聞きたいという気持ちはあっても、体をうまく使えないので姿勢が保てない、という子も少なくありません。

そこで、床に座ってもらうのではなく、たとえば、あらかじめイスを準備しておきます。イスは「ここに座ってね」というサインがわかりやすく、床に直接座るよりも体の姿勢を保ちやすいですから、話に集中しやすくなります。

するとこの瞬間、子どもを褒めることができるようになるのです。

「話をじっと聞けない子」から、「イスに座れば話を聞ける子」に変わり、「○○くんはお話が上手に聞けているね」と褒めることができます。

つまり、**話を聞けない状態を指摘するのではなく、話を聞ける状態をつくって褒めてあげる**わけです。

このように、ダメな行動を見たらすぐ指摘するのではなく、まず環境を整えて「褒められる行動」を引き出すことが重要なテクニックになります。注意して指摘されるよりも、いい行動を褒められたほうが行動は定着しやすくなります。

失敗させない学習、エラーレストレーニング

このような習慣は、「エラーレストレーニング」と呼ばれています。「失敗させないように学習させる」という意味です。

「トライ&エラーで学ぶ！」「失敗からこそ学べるんだよ！」という言葉が一般的には言われますが、失敗から学ぶというのはすでに成功体験を持っている人、自己肯定感が強い人ならではの考え方であり、誰にでも通用するわけではありません。

特に小さい子どもや障がいを持った子ども、自信がない子どもにとっては、「チャレンジしてどんどん失敗しよう」という言葉は、通用しないどころかプレッシャーとなってさらに恐れを招く可能性もあるので注意してください。

失敗やネガティブな経験・記憶を忘れることが苦手な子どもたちもたくさんいて、大人から見ればちょっとした失敗でも、本人にとってはとんでもない失敗として記憶している場合もあるのです。

私の印象では、**一度でも失敗すると、次のチャレンジを嫌がる子のほうが圧倒的に多い**です。それは「根性がない」などの問題ではなく、本能的に身を守るために「リスクを避ける」行動をとっているからなのです。

ですから、初めてのチャレンジに対して失敗体験はなるべくさせないよう課題のハードルを下げ、成功させて、褒めて伸ばす方法をおすすめします。

たとえばズボンを自分ではけない子どもであれば、ひざ上あたりまでズボンを持っていってあげて、そこから自分ではいてもらいます。すると、「ズボンをはく」という課題は成功します。このように、課題のレベルを低くするのです。

自転車を例にとれば、いきなり自転車に乗せるのではなく、最初は補助輪をつけてあげる、またはランニングバイクから始めてもらうことでバランス感覚をつかんでもらってから自転車に移行していきます。

特に幼児期は、課題レベルを低くしてでも「チャレンジしたら成功した！」ということをたくさん経験させたほうがものごとの上達が早くなります。

そうして自信がついていったあとで初めて「失敗から学ぶ」ということができるようになるのです。

子ども心のポイント

簡単なことでも、まずはうまくいった！と感じることが大事です。たくさん成功すると自己肯定感は高まります。

おへそコラムその1

子育てに謙遜文化は必要ない！

日本では褒められたりすると、「いえいえ、そんなことはありません」と謙遜し、へりくだって相手を立てる文化があります。ビジネスや仕事の現場では状況に応じて必要な場面があるかもしれませんが、子育てに謙遜文化は不要です。

ママ友さんたちと話しているとき、お互いの子どものことを褒め合ったりすることがありますね。「〇〇君はほんとに活発で礼儀正しくていい子よね～」「いえいえ、ぜんぜんそんなことありませんよ。外面だけがよくてね～」なんてやりとりよく耳にします。

子どもは、そんなやりとりを実はよ～く聞いています。

でも、子どもは謙遜という文化をまだ理解していません。「えっ、お母さん、お父さん、僕のことをそんなふうに思っていたの……はぁ～」と残念に感じていることでしょう。

日本の子どもたちの自己肯定感の低さはこの謙遜文化も一つの要因かもしれないと私は思っています。

お世辞が含まれていたとしても、我が子が褒められたときには「ありがとうございます。最近、しっかり成長してくれているように私も感じています。そう言っていただけて嬉しいです！」と前向きに受けとってみてください。

ママ友に我が子を褒められたときには、我が子の自己肯定感を育むチャンスとして捉えてみてくださいね。

第3章

注意しないで動いてもらう方法、あります

その13 自由を求めて

ダメと言われると、やりたくなる。やれと言われると、やりたくなくなるのです。

自由を奪われると抵抗したくなる

叱りたいことがあるときには、褒めることが基本だとお伝えしました。

ただ、それでも「やってほしくないこと」は出てきてしまうものです。そこでこの第3章では、何かを禁止したり、指摘したりするときに効果的な伝え方についてご紹介していきましょう。

「絶対見ちゃダメよ！」「絶対さわっちゃダメよ！」「絶対押すなよ！」そんなふうに禁止されると、猛烈にやりたくなる……。

また、「絶対見ろよ！」「絶対勉強しろよ！」「絶対、絶対……！」そんなふうに強制されると、絶対やりたくなくなる……。不思議なのですが、人間とはそういう生きものです。

人は自由を制限されそうになると、それを取り戻そうとする心理が働きます。「心理的リアクタンス」といって、1966年にアメリカの教育心理学者ジャック・ブレームが発表した心の作用です。

たとえばコンビニのトイレなどに「いつもきれいにご利用いただきありがとうございます」と張り紙が張ってあるのも、この心理的リアクタンスを活かしたものです。「トイレを汚すな！」「トイレをきれいに使え！」と書かれると反発したくなりますが、このような書き方だと抵抗感がありませんよね。

園でも、「今、このおもちゃでは遊んではいけません」と言えば言うほど、子どもたちはどんどん興味をそそられ、先生の目を盗んではさわろうとするものです（笑）。

「ゲームはダメよ」「スマホはダメよ」「ジュースはダメよ」「アイスはダメよ」「テレビはダメよ」「マンガはダメよ」……このように、やってほしくないことがあるとき、「ダメ」と禁止されるほど、子どものやりたい欲求は増してしまいます。

「厳しく叱るほど効き目がある」は思い込み！

心理学者のアロンソンとカールスミスは、幼稚園の子どもたちを2つのグループに分けました。

グループA「おもちゃで遊ぶことを厳しく禁じる」

グループB「おもちゃで遊ぶことを穏やかに禁じる」

この2つのグループで、おもちゃに対しての興味がどう変わるかを見る実験です。

まず、Bの「穏やかに禁止」をしたグループは、22人中8人がおもちゃへの興味をなくしました。10人は変化がなく、残る4人は「より興味がわいた」という結果になりました。

では、「厳しく禁止」をしたAグループはどうでしょうか。

おもちゃへの興味がなくなった子は、22人中なんと0人でした。反対に、14人（63%）がおもちゃへの興味がわくという結果になったのです。

つまり、強く禁止するほど逆効果で、穏やかな口調で伝えるほうが子どもにはよく伝わるということです。

私たちは、子どもに対して厳しく叱るほど効き目があるというイメージを持ってしまいます。しかし、それは固定観念、思い込みにすぎなかったのです。

絶対〜しないでと言われると、印象がより強く残る

また、アメリカの社会心理学者ダニエル・ウェグナーは、「皮肉過程理論」を提唱しています。これは、「何かを考えないように努力すればするほど、かえってそのことが頭から離れなくなる」という理論です。

たとえば、「金色のブタが空を飛んでいることを想像しないでください」と言われて、想像せずにいられるでしょうか。

これに関連して、ダニエル・ウェグナーは「シロクマ実験」と呼ばれる実験を行いました。

まず実験参加者を3つのグループに分け、それぞれのグループにシロクマの1日を追った同じ映像を見せます。その際、

Aグループの参加者には、シロクマのことを覚えておくように言う
Bグループの参加者には、シロクマのことを考えても考えなくてもいいと言う
Cグループの参加者には、シロクマのことだけは絶対に考えないでくださいと言う

と、違う言葉をかけたのです。そして映像を見てから一定の時間が経ったあと、参加者たちに映像について覚えているかを尋ねました。

すると3つのグループのうち、映像について一番詳しく覚えていたのは「絶対に考えないでください」と言われたCのグループでした。

やはり、「〜しないでください」と強く禁止をされるほど印象が強く残り、それをやりたいという欲求が出てきてしまうようなのです。

ゲームを禁止するのではなく、付き合い方を教える

こうした結果を見てわかるように、「禁止」というのは強い反発を生みます。

子どもはあまりにも禁止され続けると、小さなときには大人しく言うことを聞いてくれるかもしれませんが、おさえていた分、どこかで爆発してしまう可能性もあります。

そうならないようぜひ意識していただきたいのは、単純に禁止をするのではなく、「それとどう付き合っていくか」を教え、話し合っていくことです。

たとえば「ゲームはやめなさい」と理由もなく禁止にするのではなく、**「ゲームをやりすぎるとどうなるのか」、その先にどんなよくないことがあるのか、なぜ禁止にしようとしているのかを伝えたいところです。**

また同時に、デメリットばかりではなく、メリットについても一緒に考えてあげてください。今、「eスポーツ」の選手や動画実況など、世界にはゲームで生計を立てている人もたくさんいます。ゲームを教育に活用する動きや、家族みんなで健康的に行えるゲームもあります。

大人もそのことについて知り、より客観的な姿勢で各家庭でのルールづくりができるといいなと思うのです。

以前、園で運営している学童保育所で、食の専門家の先生に講義をしていただいたことがあります。

そのとき、「ラーメンは油や塩分の過剰摂取の可能性があり、食の専門家からすれば推奨できるものではないけれども、実際、ラーメンが食べたいときもあるよね。私も大好きだし（笑）。だから、ラーメンの汁は飲んでも半分くらいにしているよ」といった話をしてくれました。

先生の口調はとても穏やかで、子どもたちはしっかり聞き入っていました。保護者さんたちによると、この話を聞いた子どもたちの多くは「ラーメンは食べてもスープは半分しか飲まない」をきちんと守っているようです（笑）。

ぜんぶダメではなく、「これならいいよ」という条件をうまくつけて、一緒に落としどころを考えていくのも大切なことなのです。

子ども心のポイント

厳しく「ダメ！」は逆効果。
穏やかに諭したり、話し合ったり、
その上でルールを決めていきましょう。

その14

ポジティブな伝え方

聞きなさい！じゃなくて
「楽しい話をするから
聞いてね」って言われたら
聞く気になるかも。

ネガティブなニュアンスで叱ってはいけない理由

赤ちゃんに「ハイハイしなさい！」と言う人はいませんよね。赤ちゃんは誰に言われずとも自然にハイハイするようになりますし、「立ちなさい」と言われずともつかまり立ちをして、「歩きなさい」と言われずとも歩き出すようになります。

しかし成長するにつれて、

「ちゃんと先生の話を聞かないと怒るよ！」
「靴をはかないとお外にいけないよ！」
「早くしないと遅刻するよ！」
「勉強しないと将来大変よ！」

と、注意や指示をされることが増えていきます。

これらはごく一般的なことで、ほとんどの親御さんが言ったことがあるフレーズだと思うのですが、一つ心に留めていただきたいことがあります。

それは、「早くしないと遅刻するよ！」といった指摘を続けていくと、子どもたちの潜在意識には**「行動するとネガティブなことが起きる」という気持ちが刷り込まれていってしまう**ということです。

もちろん、親としては「将来この子が困らないように」「あとで後悔や失敗してほしくないから」といった気持ちがあった上での言葉なのですが、「～すると、ネガティブなことが起きる」という伝え方は子どもたちの積極性を奪ってしまうのです。

本当はやってみなければわからないことも、「怒られるのかな？」「注意されるのかな？」「楽しんじゃいけないのかな？」と制約やルールをつくり、行動することに尻込みするようになっていきます。

未来に楽しいことがあると思うと行動できる

子どもたちの意欲を失わせずに行動の改善を促すには、「ポジティブに伝える」ことです。

つまり、**「～すると、こんなポジティブなことが起きるよ」**という言い方に変えれば万事解決です。たとえば、

・「ちゃんと先生の話を聞かないと、怒るよ！」
　↓「**楽しい話をするから、聞いていてね！**」
・「靴をはかないとお外にいけないよ！」
　↓「**靴をはいたらお外で楽しく遊べるよ！**」
・「早くしないと、遅刻するよ！」
　↓「**もう少しスピードアップすると、余裕を持って学校に行けそうよ！**」
・「勉強しないと、将来大変よ！」
　↓「**勉強することで、たくさんの知識や選択肢が広がるよ！**」

このように、行動の先に何か楽しいこと、ポジティブなことがあると潜在的な意識で感じていれば、「チャレンジしてみたらうまくいくかもしれない」「うまくいくかわからないけどやってみようかな」と意欲がわいてきます。

私の息子（小学4年生）は朝が苦手で、「起きて！」と声をかけても起きてくれません。何度も「起きて！　起きて！」を繰り返すと、「起きてるよ！」と目だけ開けますが、布団からは出てきてくれません（笑）。

そこでいつからか、「イスに座っておいしい朝ごはんを食べよう！」と言うようにしました。すると、布団から出て素直に食卓についてくれるようになったのです。

言葉がけを少し変えるだけで、子どもは行動しやすくなります。ぜひ、楽しい未来を想像できる声がけをしてあげてください。

子ども心のポイント

子どもを脅して動かすのではなく、その先に「楽しい」が待っていることを伝えてあげてください。

その15 誤学習に注意

大きな声よりもヒソヒソ声で言われたほうが気になっちゃうよ！

ヒソヒソ声でみんな注目

「おい！　ごはんだよ!!」そんなふうにいきなり大声で何かを言われると「何、急に!?」「そんな大きな声出さなくてもいいじゃない！」と、びっくりしますし、不快にならないでしょうか？

それはもちろん、子どもも同じです。子どもを大きな声で叱ることは、恐怖や不快感を与えることはあっても、理解を進めることはありません。

本当に聞いてほしいときには、大きな声ではいけないのです。むしろ、小さなヒソヒソ声を試してみてください。小さな声のほうが子どもは興味を示し、よく聞いてくれます。

たとえば、テレビを大音量にしてみます。音が大きいと、何を言っているかよくわかりませんし、「うるさいなぁ」という不快感が強くなります。

反対に、音量を聞こえるか聞こえないかくらい小さくするとどうでしょうか。聞き耳を立てて、なんとか聞き取ろうと注意深く聞くようになるのです。

園でも、聞いてほしいことがあるときには「**みんなに大切な話があるんだけど、聞いてくれる？**」と、かすかな声で伝えたりします。すると、子どもたちのしゃべる声も小さくなり、すぐに聞き耳を立てはじめます。

ポイントは、穏やかに、ヒソヒソ話をするようなトーンです。

「お母さん、大切な話をしたいから聞いてくれる？」と言われると、子どもは「どうしたの？」と聞き耳を立ててくれることと思います。

「怒鳴ればいい」の誤学習に注意！

このことに関連した研究があります。ピッツバーグ大学教育・心理学部のワン・ミンテと研究チームは、10代の子どもがいる家庭を対象に、「怒鳴りつける子育て」と、子どもの問題行動の相関関係を調査しました。

すると、**親から「怒鳴りつける子育て」をされた子どもは、問題行動やうつ病になる確率が高い**ことがわかったのです。

大声で子どもを怒鳴れば、子どもは驚き、恐怖を抱き、大人の指示どおりに動くでしょう。しかし、それはあくまで怖くて仕方なく動いているだけなのです。

ところが、その様子を見た大人は「おお、こうすれば子どもは動くのか～」と間違った学習（＝誤学習）をします。そのような環境で育った子どもは、親の様子を見てさらに誤学習をします。友だちに対して攻撃的になったり、暴力的にコントロールしようとすることもあるのです。

またもう一つ、子どもたちが苦手なのは**「違うでしょ」「何してんの」「ダメって言ったよね」といったネチネチしたような表現です。**こうした言葉を受けて育った子も、やはり「相手を不快にさせれば動くんだ」と覚えてしまい、大人になって同じようにまわりの人に接するようになってしまうので注意してください。

これからの未来を担う子どもたちには、このような恐怖や不快感などではなく、やさしさ、愛情、魅力で人をひきつけるような人になってほしいと思います。そのような子育てを社会全体でしていきたいと切に感じています。

子ども心のポイント

怒鳴るほど子どもは萎縮《いしゅく》します。
話を聞いてくれないときは、
ヒソヒソ声をお試しあれ。

その16 否定しない子育てを考える

「緊張しないで」だと緊張しちゃうから「リラックスしてね」って言ってほしい！

否定するのではなく、「どうしたらいいか」を伝える

昔学校で「廊下は走っちゃダメよ！」と言われたことがないでしょうか。

「シロクマを想像しないでください」と言われるとよりシロクマに注目してしまうシロクマ実験を紹介したように、「廊下を走っちゃダメ」では、むしろ「廊下を走るイメージ」が強くなってしまう言い方です。

廊下を走るくらいならまだいいかもしれませんが、これが「緊張しないで！」「失敗しないで！」「間違えないで！」「さわらないで！」「こぼさないで！」といったことだと、問題が出てきてしまいます。

「〜しないで！」と注意されると、より緊張や失敗などを意識してしまうからです。

行動を直してもらいたいなと思ったら、間違いを否定するのではなく、「廊下は歩きます」という具体的な指示を伝えてあげてください。

- 「緊張しないで！」→「**リラックスしていこうね**」
- 「失敗しないで！」→「**うまくいくから大丈夫**」

・「間違えないで！」→「**正確に進めよう**」
・「さわらないで！」→「**見るだけだよ**」
・「こぼさないで！」→「**お皿を両手で持とうね**」

このような形です。

否定語で注意されると、悪いことをやっていることは理解できても、「具体的にどんな行動をすればいいのか」が伝わりにくいのです。

また何より、いつでも失敗を見られているような気がして、行動することが不安になってしまう場合もあります。

子どもが食事中にごはんをこぼしてしまうときも「こぼさないでよ！」と言うのではなく、まずは「なぜこぼしてしまったんだろう？」と状況を観察してあげてください。

たとえば、お皿の深さが浅すぎるとスプーンですくうのが難しくなります。この場合、**ある程度深さのあるお皿を準備してあげるだけで、こぼさずに食べられる**ことがあるのです。

そうすると子ども自身も達成感を感じて嬉しくなりますし、「こぼさずに食べられてすごいね！」と伝えることができます。

お茶をこぼしてしまったときなども「なんでこぼすの！」ではなく、まず雑巾を持ってきて、「お茶をこぼしたら、こうやってふいたらいいよね」と具体的な解決策を教えてあげて、ふくのを手伝ってくれたら「ありがとう」と伝えます。

このように、否定しなくていい方法を追求していってみてください。

子ども心のポイント

〜したらダメではなく、
〜すると大丈夫、うまくいくと
教えてあげてください。

その17 快と不快のモチベーション前編

楽しくないことは
聞きたくない！
気持ちのいい言葉を
ちょうだいよ。

わ〜
上手〜
大きなお城〜
住んでみたーい
もっと作って〜
片付けもしようね〜

人は「不快」よりも「快」で行動を起こす

「成績が悪いから勉強しなさい！」「太ってるからやせなさい！」

このような「正論」をかざした注意、指示、指摘を私たちはしてしまいがちですが、それでは人の心は動きにくいことが、さまざまな研究でわかっています。

なぜ正論だけでは動かないのでしょうか？　それは、人の行動原理は「快・不快」に大きく左右されるからです。

快というのは、つまり「気持ちのいいこと」「自分にとって都合のいいこと」で、それが起こりそうなことは進んでやりますし、そうでないことには気が進みません。

眠たい、きつい、疲れた……などいろいろとネガティブな要素があるにもかかわらず、私たちが毎日活動できているのは、その先に「給料」、「家族の元気」、「やりがい」、「感謝」、「成長」などの要素があるからのはずです。

当然、子どもだって同じ原理で動いています。

たとえば、園の「朝の集い」や「帰りの集い」のとき、子どもたちが集まらなかったり、おしゃべりが止まらなかったりすることがあります。

そんなときには、保育士たちが手遊びをしたり、歌を歌いはじめたり、**子どもが好きなこと、興味のあることをやりだすと、子どもたちは集まりだし、落ち着いて話を聞いてくれる**ようになります。

反対に、「いいかげんにしなさい！」「あ〜！　座ってない人がいま〜す」「なんでちゃんとしないの！」といった声がけは子どもたちにとっては不快の要素しかないので聞いてもらいづらくなります。思いどおりにいかないときには、そこに子どもが喜ぶ要素があるかどうか考えてみてください。

10個褒めて、1つ指摘するくらいがちょうどいい

人間関係の心理を研究するアメリカの心理学者ジョン・ゴットマンは、「褒める」と「注意」の黄金比率は5対1だと言っています。つまり、1つ叱るのであれば、その5倍ほめる必要があるということです。

ただ、私の意見としては、5対1ではまだまだ厳しすぎるかなと感じます。

私がおすすめするのは、**10対1。10個くらいいいところを褒めて、ようやく1つ指摘するくらいがちょうどいい配分**だと思っています。

イソップ童話の「北風と太陽」の話は、まさにこのことを象徴する物語です。

北風と太陽が、どちらが旅人の上着を脱がすことができるか勝負するというストーリーで、先攻の北風は旅人に風を吹き付けます。旅人は寒さに震え、よけいに上着を放しません。ところが、後攻の太陽は、ぽかぽかと温かな日差しで旅人を照らし、温まった旅人は自然と上着を脱ぎだしたというお話です。

「不快」ではなく「快」で行動を促すというのはこういうことです。温かい気持ちで穏やかにやさしく接することで、子どもたちが自ら気づくようになります。どんどん褒められて、どんどん自分からいい行動をするようになる、大人ももっと褒めたくなる、そんな好循環ができていくのです。

子ども心のポイント

子どものいいところを10個褒めて、やっと1つ指摘する権利をもらえます。北風より、太陽で子どもに動いてもらいましょう。

その18 快と不快のモチベーション後編

自分から歯みがきをしたくなっちゃうすごい方法！

歯みがきをしないときにはスマホで……

子どもの生活習慣を正したいという悩みはとても多く、中でも代表的なのが「歯みがきをしない」です。

大人の場合は、口臭があったらイヤだとか、歯が悪くなると治療が大変とか、さまざまな理由があって歯をみがきます。

けれど、そんなことを知らない子どもが歯をみがきたがらないのは当然です。それよりも「好きなテレビを観ていたい」ですし、「眠たいから寝たい」のです。歯をみがかないといけない理由などありません。

いったい、どうすればいいでしょうか？

我が家でも、小学生の息子が夜の歯みがきをよくめんどうくさがっていました。でも、あるときから、欠かさず自分でみがくようになったのです。

その方法は、簡単です。

まず、スマホをご用意ください。そのスマホで「虫歯　写真」を画像検索し、それを印《いん》籠《ろう》のように見せるのです（笑）。

歯がガタガタの人の写真や歯が抜けている人の写真などが出てきますから、子どもたちはおったまげます。そして、気づけば洗面所に駆け込んでいるでしょう（みがきすぎるほどみがいてしまう場合があるので、注意してください）。なかなか刺激的ですが、効果テキメンです。

人の行動原理は「快・不快」だとお伝えしましたが、**「このままではデメリットが大きい」と感じたときも、このように行動を起こしてくれる**のです。

言葉では伝わりづらい場合には、ビジュアルを使ってみてください。

ダメなものはダメと伝える場合

基本的に、その先のメリットを見せて楽しく行動してもらうというのが子どもとの接し方の大原則です。

ただ残念ながら、楽しいとか、楽しくないとか、そんなことは関係なしにやってもらわなければいけないこともあります。

それこそ、歯みがきやお風呂、危険なことなど、健康や命がかかわるようなことの場合、有無を言わさず人生に大切なことだと伝えるべきだと私は思います。

といっても、厳しく問い詰めたり、怒鳴ったりするということではありません。「歯みがきは生きる上で必要なことです」と毅然《きぜん》とした態度で淡々と伝えます。

いつもやさしいお母さん、お父さんがどうしてそんなことを言うの!? と、数日くらい泣いて抵抗することもあるかもしれませんが、そのうち子どもは「そんなもんなんだ」と学んでくれます。もちろん、行動できたらしっかり褒めてあげてください。

毅然とした態度で注意をするとき、大事なのはそこに至るまでの信頼関係です。

子どもたちは**「この人は信頼できる」「この人は好き」と思えば、いくら叱られても、次の日はケロッとして笑顔で寄ってきてくれます。**

「子どもの頃はわがままだからね」「たまにはいいんじゃない」「そのうちできるようになるよ」という甘さは、のちのち問題になることもありますので、伝えるべきときには、はっきりと、しっかりと伝えてあげてください。

以前、息子が友達の帽子で遊んでいて、あやまって川に落としてしまったことがあります。

その日はちょうど授業参観の日だったのですが、先生にあらかじめお伝えして、授業中でしたが、息子を連れて川に帽子を探しにいきました。

結局帽子は見つからず、その夜に菓子折りを持ってお友だちの家に向かい、親子で頭を下げて謝罪をしました。

相手方は、「いえいえ、引き続き、息子と仲良くしてあげてください」と笑顔で言ってくださいました。

「まあまあ、男の子だからそのくらいあるよね」という捉え方も時には大切なことですが、人に迷惑をかけたときは、しっかりと結末を見せてあげることで、自分が起こしたことの重大さや、不可抗力であっても迷惑をかけたときの対応方法も伝えることができるのではないでしょうか。

子ども心のポイント

言葉では説明しきれないこともあります。

そのときは、映像や親の実際の姿を見せてあげることで大きく学べます。

その19 習慣化のための60秒ルール

自分がやったことに
すぐ反応されると
「次もまたやろう！」って
思っちゃうんだよね。

行動が定着しやすくなる「60秒ルール」

「行動分析学」という研究分野では、**人の行動を定着・習慣化しやすくするには、60秒以内に反応や声がけがあるといい**と言われています。60秒といわず、早ければ早いほど効果的です。

私の体感としても、子どもがいいことをしているときに「ありがとう！」「がんばってる！」といった感想を伝えると、習慣化しやすいなぁと感じています。

子どもは特に「今」を生きています。「あのときの」「1ヵ月前の」と言われても、まったくピンときません。その瞬間を逃さず、すかさず褒めるようにしたいものです。

廊下を歩いてほしい（走らないでほしい）場合、まさに廊下を歩いているその子に向かって「おっ！　廊下を歩いているね」と伝えます。

するとその子は、「おお、いつも走って怒られるけど、歩いていると褒めてくれる大人がいるのか。嬉しいぜ!!」といった感じで学んでくれます。

朝が苦手な子がさっと起きてくれた日には「今日はさっと目覚めたね！　いいね！」と伝えてあげましょう。

よくない行動の場合には、計画的な無視を

しかしこの60秒ルール、注意点もあります。

それは、よくない行動をしたときに反応してしまうと、その行動が強化されてしまうということです。

子どもは人の気をひくのが好きです。それは、「認めてほしい」「注目してほしい」という欲求のあらわれで、人間誰しも持っているものです。

ただし大人と違うのは、その行動が社会的に「アリ」か「ナシ」かを事前に判断できないということです。

たとえば、子どもたちは「うんち！」とよく言います。本当によく言います（笑）。

そのようなとき、保育士が困って笑いながら「うんちは言わないで〜」と言ってしまうと、その子はよけいに盛り上がってしまいます。

「おお、うんちって言うと先生が笑ってくれるぜ！　よし、次も他の大人に言ってみよう！」といった具合です。60秒ルールで、その反応が早いほどテンションが上がってしまいますよね。

このように**よくない行動なのでやめてもらいたいときは、よっぽどの危険なことがない場合は、フィードバックを出さない、つまり注目や反応をしない**という方法が効果的です。「計画的な無視」、あえてスルーするよ。ということですね。

園では、先生たちを呼び捨てにして楽しむ子がいます。

私のことも「エンチョー!!」と言って楽しそうに声をかけてきます。私自身は「エンチョー!!」でいいのですが（笑）、それを適切ではないと感じる職員や保護者さんもいるので、そういうときは計画的な無視をすることがあります。

「エンチョー!!」と遠くから叫んでいたときには、その子に気づかないふりをして、他の子に「おはようございます！」とあいさつをします。

「エンチョー!!」と叫んだ子は「あれ、園長先生がこっちを向かなかったぞ……」と心の中で感じます。

すると、今度は「エンチョーセンセーイ!!」と、自分の判断で呼び方を変えてくれるようになるのです。

呼び方が適切だった場合には、「おはようございます。大きな声であいさつしてくれてありがとう」と穏やかな声で返します。

このようなやりとりを繰り返すと、「エンチョー!!」だった子も「園長先生、おはようございます！」と気持ちのいいあいさつができるようになっていくのです。

子ども心のポイント

繰り返してほしい行動はすぐに褒めて、繰り返してほしくない行動は、計画的無視。お試しあれ。

その20 省エネ効果バツグン！

「家族ルール」をつくると
ガミガミを
減らせるんだって。

家族ルール
一、9時に寝る
二、30回噛む
三、ビールは一本
四、ジュースも一本

家族ルールで子育てがラクになる

「家でなかなか寝てくれません」「お風呂になかなか入りません」「なかなかゲームをやめてくれません」「宿題をしてくれません」……園では学童保育も運営しているので、0歳〜12歳までのさまざまな年代の子どもたちに関する悩みや相談をよく受けます。

そんなときに私が提案するのは、「家族ルールをつくる」ことです。

家の中にルールがあるなんてどうかな……と思う方もいらっしゃるかもしれませんが、日本には平安時代から「家訓」と呼ばれる家族ルールがありました。家庭内でのルールを守ることは、のちのち社会のルールを守ることにもつながります。そして、「ルールは守らないといけないよ」と、子どもを子ども扱いしないことで、社会の一員としての自覚を養うことにもつながります。

我が家では、「生活習慣」に重きを置いたルールを決めています。

息子と娘、それぞれに違ったルールがありますが、家の中での手伝いや、家での学習の時間（小学生になってから）、夜ごはんを食べるときはテレビを消すこと、布団に入る時間など、シンプルなルールです。あまり細かく決めすぎないことも大切です。

家の中での手伝いは、「洗濯物をたたむ」「洗濯物を自分の収納場所に入れる」「洗濯物を干す」「布団を敷く」「お風呂掃除」「お皿洗い」など、子どもの年齢に合わせてできることは変わっていくので、年齢が上がるにつれて、毎年お手伝いの内容は変えてきています。

家族ルールの最大のメリットは、指示や命令が圧倒的に減らせることです。「あ、ルールってなんだったっけ？」と問えば、子どもたちは自分で気づくことができます。親が指示しなくとも、自分で気づけるのです。

家族ルールをつくる上での3ポイント

このような「家族ルール」をつくる上で、大事なことが3つあります。

まず一番大切なことは、**子どもと一緒に話し合って決めるということです。**

親が決めたものを強制するのではなく、「こんなルールはどう？」と提案し、あ～でもない、こ～でもないと言いながら話し合ってみてください。

ルール自体が大事というよりも、こうしてルールを決めていく過程に大きな意味があると私は考えています。それぞれの価値観をしっかりとぶつけ合いながら家族会議をして、みんなが納得していくことが大切です。

また2つ目のポイントとしては、家族ルールを子どもの年齢や発達に応じたものにすることです。発達段階や特性にもよりますが、私の印象では4歳児（年中）くらいからは、十分取り組めると感じています。

内容の難易度は、「**子ども一人ではできないが、親が少し手伝ってあげることで『できる』くらい**」を目安にしていただければと思います。

心理学者のヴィゴツキーは「発達の最近接領域《さいきんせつりょういき》理論」という研究を発表しており、それによれば、子どもは簡単すぎるよりも、ちょっと難しいことが好きで、大人にサポートしてもらいながらも課題を達成することで、自信をつけることができると説いています。

そして3つ目は、子どもたちと約束をしている以上、「大人もルールを守る」です。

子どもはよ～く見ていますから、言い出しっぺの大人がルールを破ってしまうと、「約束ってそんなもんなんだ」と軽く考えてしまいます。約束を大切にしようという自覚を持たせるには、親の姿勢が大切です。

ちなみに我が家では、家族会議の末、息子と娘から「お父さんのお酒ルール」というものが制定されました。普通の日はビール1本、がんばったときには2本です（笑）。がんばって守っていきたいと思います。

子ども心のポイント

家族ルールは、
①話し合って決める
②親が少し手伝えばできる程度のレベル設定
③大人も決めたことはしっかり守る！

その21 指導の基本

「一度しか言わないから覚えてね」なんてムリ！…まだ子どもなのですから。

何度も繰り返し伝えるのが大人の役割

子どもは間違いや失敗をたくさんします。何度丁寧に伝えても、やっぱり難しい場合もあります。

それでも根気強く伝えてあげることが大人の役割です。子育ては子どもとの根比べの要素も強くあると思います。

「1回しか言わないよ」という半ば脅しのような声かけもありますが、それは大人の都合なんですよね。何度も何度も、子どもがわかるまでやさしく穏やかに繰り返し伝えていくことが大人の役割ですし、子どもも求めていることなのです。

子どもが間違いや失敗をした際は、**「注意や指摘」で終わらずに、もう一度繰り返して、適切な行動を促すこと**が大切です。

私は子どもたちに空手を教えているのですが、空手には相手と向き合う練習があります。その向き合っている2人組の間を通ることは絶対にしてはいけません。

人と人とが真剣に向き合っているときに間を通るのは大変失礼なことだからです。これは空手においてだけではなく、日常生活でも同じですね。会話などをしている人の間にズカズカと入り込むべきではありません。

ただ、それは大人の感覚であり、子どもたちはルールをうっかり忘れて向き合っている2人の間を通ってしまうことも多々あります。

そんなときは、もう一度元の位置に戻ってからやり直してもらいます。

なぜそうしてもらうかというと、「間違い」や「失敗」として終わると注意や指摘になってしまいますが、もう一度やり直してもらえれば「よくできたね」と行動を褒めることができるからです。

教室に全力で走ってきた子どもに「走らないの！」と言ってしまいがちですが、そうではなく、子どもの近くにいって再度、教室に入ってもらうようにします。すると、子どもは素直に歩いてくれます。そこで、「そうそう、そうやって歩くと友だちにぶつからずにすむよね」と声をかけるのです。

製作などで出た紙くずをゴミ箱に捨てずにその場にポンと捨ててしまう子にも、一度戻って、紙くずを取ってもらい、ゴミ箱に捨てるように促します。

我が家でも「はい」と片手でものを渡してしまうときは、必ずもう一度繰り返し、「どうやって渡すんだっけ？」と問いかけます。

その場合、**だいたい子どもは適切な行動を理解しています。**ただ単に忘れていたり、習慣化されていないだけの場合がほとんどなんですね。だからこそ、いい行動を引き出し、それを習慣化してあげます。

「任せることが大切」、「見守ることが大切」というのはもちろんですが、社会で必要なルールを伝えずに、「任せる」「見守る」というのは、運転免許なしで「自由に車を運転していいよ」と言うことと同じようなものだと私は思います。

前提として必要なことをまず家庭で教えていくことで、結果的に「任せることができる子」「見守ることができる子」になるのです。

子ども心のポイント

丁寧に繰り返すことで習慣はつくられます。適切なやり方を再現してもらって、褒めて終わりにしましょう。

おへそコラムその2

子ども新聞のすすめ

子どもが自分の力で考えるきっかけとしておすすめなのが「子ども新聞」です。各新聞会社が子ども向けに出していて、毎日届くところもあれば、1週間に1回のところもあります。

新聞と聞くと難しいのではと思われるかもしれませんが、「絵本の読み聞かせ感覚」で幼児期から始めることができると思います。「海外の首相がどうだ」「オリンピックが」「コロナが」と政治や国際的な話題など、家族の会話では出てこないような話題が出てきます。

先日の記事では、神奈川県横須賀市の70～80歳代の男性が小さいときに10円貯金から始めて、その後貯金し続けた6000万円を市役所に匿名で寄付したことが書かれていました。

我が子や園の学童生たちにも話をしました。すると、「え、6000万円あったらゲームのカードいっぱい買いたい！」とか、「もったいないな～」とか、「えらい！」「すごい！」「僕にはできない！」などさまざまな意見が出ました。

それから数日経って、息子が「お父さん、学校で発展途上国の子どもたちがごはんを食べられなくて困ってるって話を聞いて、10円寄付することにしたよ」と報告してくれました。

親や大人が直接的なメッセージを送らなくても、新聞を一緒に読むだけで、さまざまな気づきや学びをプレゼントすることができます。

第4章

自分で気づいてもらうのが一番です

「なんでやらないの？」じゃなくて「どうしたらできる？」なら少しやる気がでるよ。

答えを教えるのではなく、気づいてもらうための方法

大人が指摘して行動を直してもらうよりも、子ども自ら気づいてくれることが一番いいですよね。そこでこの4章では、子どもに自分で気づいてもらうための言葉がけをご紹介していきましょう。

ものごとを教えるといっても、大きく2つのやり方があります。

1つは、「ティーチング」。これは単純に「知識を教える」ということで、適切なことと不適切なこと、正解と間違いなどを伝えます。いわゆる一般的な「教える」という方法です。

そしてもう1つが、「コーチング」。**これは「気づきを促す」ということで、答えを教えるのではなく、相手が自分で気づくために導く、引き出す方法になります。**具体的には、「いい質問をする」ことが大事になってきます。

もともと企業研修などで教えられてきた方法ですが、「子どもが主体的に考える」教育が非常に重要になってきた今、とても大切なことだと感じています。

これまでの教育というのは、「先生が答えを教えてくれる」という受け身の授業でしたか

ら、「自分で考える」「自分の意見を伝える」「正解のない問いを考える」という機会が少なかったように思います。

そうした経験のない人が社会に出ていきなり「お前のアイデアを出せ」「あなたの意見は？」と言われてしまうのは非常に酷なことです。

園で運営する学童保育では、「勉強は役に立っているのか？」「なぜ仕事をするのだろう？」「お金と幸せの関係ってなんだろう？」といったテーマを考えてもらったり、グループで話し合ったり、ワークやプレゼンテーションを通して発表してもらうこともあります。

そのような練習を、ぜひ家庭の中でもやっていただきたいのです。

コーチングは、いつから始める？

子どもたちが学習していく上で、0歳〜2歳頃には、まだまだ自分で判断できませんから、ティーチングが必要な段階です。

しかし、少しずつ発達が進んで善悪の判断ができるようになってくれば、大人だけが答えを教えるのではなく、相手の中にある気づきを引き出すコーチングが必要になってくると思います。**年齢で言えば3歳児くらいから、少しずつ問いかけを増やしていく**イメージでよいかと思います。

「なんで」ではなく「どうやったら」と聞く

では、どのように声をかければいいのか？ 基本的な考え方を見ていきましょう。

もっとも基本的なポイントは、「なんで？（WHY）」と聞かないことです。

たとえば「なんで宿題しないの？」というのは、子どもを問い詰めるための、言い換えれば「あなたはよくないことをしているよ」と責めるための質問です。

そうではなく、「どうすれば」「どんな」「どうやって」といったHOWの質問をしてあげてください。


「宿題に取り組むことでどんなメリットがあるかな？」

「どうすれば早く宿題が終わるかな？」


と質問すれば、子ども自身が答えを考えることができます。

もう一つ、ごはんをボロボロこぼして食べる子に対する注意を考えてみましょう。

ＷＨＹで問うと、

「なんでごはんをボロボロこぼすの⁉」

↓「だって、こぼれるんだもん」「だって、ぼく3歳だもん」


ということになってしまいます（笑）。

しかし、ＨＯＷで問うと、

「どうすれば、ご飯をこぼさずに食べれるかな〜？」
↓**「う〜ん、机にもう少し近づけばいいのかな〜」「大きいスプーンがほしいかな」**

と、子ども自身で答えを導き出してくれる可能性がグンと高くなります。

「なんで〜できないの？」という形で問うと、子どもはどうしても「できない自分」をイメージしてしまいますから、思考も行動も止まりやすくなるのです。

課題を前向きな気持ちで解決してもらうには、「どうすればいいと思う？」という前向きな質問が重要になります。

人は「自分で選択している」と感じることが「幸福度」とつながるという調査結果もあります。つまり、人に指示・命令された行動よりも、自分の意思で選んだ行動のほうが積極的に取り組めるのです。その点でも、「HOW」で質問し、考えてもらうことは効果的なのです。

たくさんの情報があふれる今は、子どものほうが大人よりも持っている知識が多い分野もたくさんあります。

「大人のほうが知っている」「大人が正しい」という姿勢は、子どもが柔軟に考え出した答えをつぶしてしまうことになりかねません。子どもと共に考えるという対話的な姿勢をぜひ意識してみてください。

子ども心のポイント

「どうすれば？」と問いかけることで自主的に取り組みやすくなります。子ども自身に選んでもらうことが大切です。

その23　手助けの階段

答えはなるべく教えない！親のサポートがどれくらい必要かわかる「4Hステップ」のすすめ

4H＝4つのサポート段階

お伝えしたように、子どもたちには「教える（ティーチング）」という段階から、少しずつ自立を促して、自分で気づいて行動してもらうようにする必要があります。

大人が子どもに1から10まで教えていては、自分で考えたり、アイデアを出したりする習慣や力がいつまでも身につきません。

親が考え抜いて、**子どもが進むべき道を用意してあげることが子育てではなく、少しずつ自分の力で生きることを応援していくのが子育て**だと考えています。

ただ、丸投げや放任もいけません。本人の発達や特性によって、どの程度子ども任せでいいのか、どのくらい手助けしてあげる段階なのかを見極める必要があります。

そんなときにおすすめしたいのが、子どもたちの自発性を引き出すための「4Hステップ」です。園でも取り組んでいる子どもへのアプローチで、4Hはそれぞれ

1　HOMERU……褒める

2　HOW……どうすればできるかな？

3　HINT（ヒント）……こうしてみてごらん

4　HELP（ヘルプ）……一緒にやってみよう

という言葉の頭文字になっています。

これはサポートの段階をあらわしていて、1のHOMERUはサポートなし（「いいね」とただ褒めるだけ）で、4のHELPが一番手厚いサポートとなります。

子どもに新しいことを教えたいときには、この1から4のレベルを意識してもらうと、どの程度のサポートが必要か判断しやすくなるのです。

すぐにHELP（ヘルプ）はしない

たとえば、「靴をはく」ということを伝える場合を考えてみましょう（ここでは、「マジックテープ」の靴の場合とします）。

1　マジックテープを取る

2　靴に足を入れる

3　マジックテープをつける

靴をはくには、大きくこの3つの手順があります。

少し声をかければ自分でできそうな子には、「いいね！」「うまくいってるね！」と、1の「HOMERU」のサポートで十分です。

少し戸惑っている子には、「最初にどうするんだったけ？」と、2つ目のHOWで問いかけます。気づいてうまくできれば、「そうそう、上手ね」と伝えればOKです。

また、靴に足をうまく入れられない子がいたとします。そのときにはまず、「どうやったらうまくいくんだったかな？（HOW）」と問いかけをします。

それでも難しい場合には、少しだけ「HINT（＝ヒント）」を出すようにします。「かかとを引っ張るとうまくいくよ」という具合です。

ヒントでも難しい場合、そこで初めて大人が子どもの手を取ってあげて、4つ目の「HELP（＝ヘルプ）」で一緒に手伝ってあげます。

このような段階で子どもの手助けをしてあげてほしいのですが、ついつい「ほら、こうするんでしょ」、「お母さんがやってあげるね」と、最終ステップの「HELP」に飛んでしまっていることがよくあります。
心配になる気持ちや、見ていてじれったい気持ちも非常にわかるのですが、子ども本人のためにも、できる限り自分の力で行うためのサポートに徹していただければと思います。

子ども心のポイント

サポートは「最小限」から。
①HOMERU、②HOW、③HINT、④HELP
今はどの段階か、観察してあげてください。

その24

子ども同士の世界

大人からよりも
年の近いお兄ちゃん・
お姉ちゃんから
習うことも多いんだよね。

子ども同士でも学んでいることを理解する

自分で気づいてもらうことが大切だとお伝えしていますが、子どもたちは、大人に教えられなくても学んでいます。

大人はつい、「子どもには教えなきゃ」と思ってしまうのですが、時には教えないことが学びになっていることもあるのです。

「学ぶ」は「まねぶ」こと。子どもはしっかり人の様子を観察していて、さまざまなことを吸収しているとお伝えしました。

親やまわりの大人だけではなく、友だち同士や、少し上のお兄ちゃんやお姉ちゃんから多くのことを学んでいます。

子どもたちは、**自分と世代の近い人のマネをする傾向がある**ことがわかっています。私の印象では「ちょっとお兄ちゃん」、「ちょっとお姉ちゃん」については憧れもあり、特にマネしたがる傾向を感じます。

子どもは日常の中で、大人が思っている以上に学習をしているのです。

園にはハンディキャップを持った子どもたちを含めた、0歳〜12歳までの子どもたちが共存しています。

その中では、園の子どもたちが学童のお兄ちゃんやお姉ちゃんに影響されてサッカーやバスケットを始めたり、年少の子が年長の子がつくるツルツルした泥団子を目をキラキラさせて見たり、ブランコを大きくこぐ年長さんに憧れたり……。

また、友だちとおもちゃの取り合いになったとき、がまんをしてゆずったり、取り返してみたり、順番を守らなければいけないことを学びます。

お兄ちゃんやお姉ちゃんが小さい子をお世話したり、泣いている友だちを慰《なぐさ》めたり、ちょっかいを出してくる友達をうまく回避したりする方法を学ぶこともあります。

このようなことは、親や先生から学ぶことはできません。

だって、お母さんが子どものおもちゃを奪ったり、先生が子どもにちょっかいを出したりすることはありませんよね。

子ども同士だからこそ学べることなのです。人とのかかわりの中から困難を乗り越える力や、柔軟に対応する力、問題を回避する力を身につけていくわけです。

私が行っている空手の指導の中でも、上級生が下級生を指導する時間をつくるのですが、大人が指導に入ると甘えてしまう子も、ちょっとお兄ちゃん・ちょっとお姉ちゃんだと、緊張感を持って取り組むことが多いと感じます。また、教える側の年長の子にとってもいい意味での優越感を感じながら、責任を持って指導する体験にもなります。練習外でも、年長さんの女の子が、年少さんの子がスリッパを並べていないことを注意してくれることもあります。大人が叱らずとも、子どもたち同士で多くのことを学んでいるのです。

今は核家族が多く、放課後に公園で遊ぶ子も少なくなり、休日に遊ぶときは親のLINEなどを介して遊ぶ約束をしないと失礼に思われるような時代です。

もちろんよけいなトラブルを避けたいのはわかるのですが、子ども同士がふれあい、学び合う経験は子どもを大きく成長させてくれます。もし、さまざまな世代の子どもがふれあえる環境が近くにあるのなら、利用してみてもいいかと思います。

子ども心のポイント

大人から教わることがすべてではありません。
さまざまな人間関係の中から
自分なりの生き方を吸収しています。

その25

見える世界を変えるリフレーミング

「これしかない」じゃなく「こんなにある」って言ってほしいな。

子どもは短絡的に捉えがち

子どもたちには、大人の知らない子どもたちの世界があります。

その中での人間関係もさまざまで、園でも「友達に『嫌い』と言われた」「友達とケンカした」「先生が話を聞いてくれなかった」といったことが起こり、親としては「え？　大丈夫なの？」と思ってしまうことがあります。

そんなとき、「それはいけない！　お母さん、お父さんが伝えておくよ！」と介入したほうがいいのでしょうか？

私の場合は、いじめや子どもに危険が及んでいる状況など、よっぽどのことではない限り介入しないほうがよいと考えています。

子どもたちはこれから、たくさんのトラブルに出合ったり、人間関係での悩みを抱えたりしながら生きていくでしょう。そうした**トラブルのたびに親が問題を取り除いていくことはできない**からです。限界があるのです。

昔の格言で「魚を与えるのではなく、魚の釣り方を教えよ」というものがありますが、まさにそのとおりで、親自身がトラブルを解決するのではなく、子ども自身がその課題にどう向き合ったらいいかを教えてあげられるといいと思います。

特に重要なのが、その課題をどう捉えるかということです。

そもそも、子どもが言っていることが事実とは限りません。子どもは断片的な記憶をつなげて、事実とは違うことを話すこともあります。

もちろん、本人は悪意があってウソを言っているつもりはないのです。イヤなことがあった、大変な状況にいるということを、ただ「わかってほしい」のです。

私たちも世間話でちょっと話を盛ったり、そのほうがわかりやすいかなと思って大げさに言ったりすることがありますよね。子どもだって同じようなことはするのです。

特に子どもたちは、「ぼくは自信がないからできない」「ケンカしたからあの友だちは嫌い」「宿題はめんどくさい」「雨は外で遊べないから嫌い」「今日はついていない」「失敗したからもう終わりだ」などと短絡的に捉えてしまいがちなので、そんなときは、大人が「こんな考え方もあるよ」と伝えてあげることも大切だと思います。

リフレーミングで言い換える

そんなとき役立つのが「リフレーミング」というテクニックです。

リフレーミングとは、ものごとの見方、見る視点を変えることで、ものごと、出来事を肯定的に捉えていく心理カウンセリングの代表的な手法です。

よく使われる例が、コップに半分入った水を見て、「水がもう半分しか入っていない」と捉えるか、「水がまだ半分も残っている」と捉えるかという受け止め方の違いです。

視点を変えてあげると、こんなふうに伝えることができます。

・「ぼくは自信がないからできない」
　↓「**自信があればやりたいって気持ちがあるってことだね**」

・「ケンカしたからあの友だちは嫌い」
　↓「**友達は、どんなことを感じていたと思う？**」

・「宿題はめんどくさい」
　↓「**宿題をしないことで困ることがあるとしたら？**」

・「雨は外で遊べないから嫌い」
　↓「**雨でできる遊びは何かある？　雨で嬉しいときってどんなとき？**」

・「今日はついていない」

↓「**明日はどんな未来が待っていると思う？**」

・「失敗したからもう終わりだ」

↓「**失敗から学べるとしたらどんなこと？**」

このような一言があるかないかで、子どもの気づきは大きく変わります。

そのためには、大人自身が日頃から、ポジティブな視点を意識する練習をしておくことも大切なことかもしれません。

幸せの定義も、親次第

私の友人のお母さんは、食卓に家族が集まると「幸せだね〜」と言うのが口癖だったそうです。

その友人は、それがあまりにも日常すぎたので意識したことはなかったそうですが、大人になって家族を持つようになって、食卓を囲むと思わずお母さんと同じ口癖である「幸せだね」という言葉を発している自分に気づいたそうです。

「幸せは、なるものではなく気づくもの」とよく言われます。

何を幸せと感じるのか、ベースの価値観をつくるのは、親であり、まわりの大人たちであると思うのです。目の前のものごと、出来事にどんな「意味づけ」をして生きていくのか、それがとても大切なことです。

豪華なごちそうや高いものを買ったときに幸せなのか、なんでもない日でも家族と一緒にいられたら幸せなのか、いつ「幸せ」という言葉を使うかによってその意味が変わってきます。上皇后美智子様は、「『幸せな子』を育てるのではなく、どんな境遇におかれても『幸せになれる子』を育てたい」という言葉を残されています。

どんな出来事もギフト、つまり自分に必要なプレゼントなんだよと教えてあげれば、子どもは課題に対して前向きに、幸せになる力を身につけていってくれるはずです。

子ども心のポイント

解釈が変わると、世界は変わります。
親の何気ない一言には
子どもの世界観を変えてしまう力があるのです。

その26

立場逆転法とは

「相手の気持ちになって」は激ムズ！それよりも実際に経験させてよ。

想像ではなく、経験してもらう立場逆転法

「相手の気持ちになって考えなさい」

そうやって大人に言われた経験が1回はあるのではないでしょうか。もしかしたら、子どもにそうやって諭すこともあるかもしれません。

しかし、これが本当に難しい……。いくら想像力があっても、相手の立場に立つことは簡単なことではありません。

自分が親になって初めて、これほどまで子どもというのは愛おしいのか……と気づいた人も多いかと思います。

つまり、人というのは実際にその立場になってみないとわからないことがたくさんあるのです。

でも、これは同時に、**立場が変化することで感じ方や捉え方が変わっていく**ということでもあります。

そこで、おすすめしたいテクニックの一つが「立場逆転法」です。

いったいどういうことでしょうか？

実際の例でお話しします。

園の壁にドライフラワーを飾るためにレイアウトをしていたときのことです。園児のN君が興味を持ちはじめ、ドライフラワーをツンツンと指で突きはじめました。ドライフラワーはさわるとボロボロと葉が落ちてしまうので、何度か「さわらないよ〜」と伝えるのですが、どうしてもさわることをやめてくれません。

そしてさらには、N君がさわっていることで他の子たちも興味を持ちはじめます。

このままでは大変です。こんなとき、どうすればよいでしょうか？

私はこのとき、**「N君、みんなも興味があるみたい。先生、もう少しで作業が終わるから、見張っておいてくれる？」**と、他の子がさわらないように「見張り番」をお願いしました。

すると、今まで率先してさわっていたN君が急に、他の子にドライフラワーをさわらせないようにと両手を広げ壁となり守ってくれたのです。

立場を変えることで、N君は私に協力してくれるようになりました。

つまり、これが「立場逆転法」で、役割を交代してもらうことでその立場になってもらうことができる方法です。

くります。

経験することで言葉もふるまいも変わる

特に集団行動では効果テキメンで、空手の指導でも上級生が下級生を指導する時間をつくります。

普段は調子者の上級生たちも、自分より小さい子を指導しないといけない状況になれば、「ちゃんと集中しなさい！」と上級生らしくふるまいはじめたりします。練習が終わると、「先生、『教える』って大変だね」と言ってくれる子たちもいます。

こうして立場が逆転し「人を動かすのって大変なんだな」ということを学ぶことで、今度は動かされる立場になったときに「ほら先生の言うこと聞こうよ」「ちゃんとやろうよ」というような役割を担ってくれるようにもなっていきます。

もう一つ例を出すと、我が家では家族旅行の企画には子どもたちも計画段階から参画してもらうことにしています。

家族旅行というと多くの場合、親の都合で計画され、前日や当日にプランを言い渡されることも少なくありません。

それでも楽しいことは楽しいのですが、せっかくであれば子どもの学びの機会にもして

子どもたち作による「旅のしおり」

あげたいものです。

「どこに行きたいのか」「そのためには何時に家を出発したらいいのか」「予約は必要なのか」「どんな公共機関を使うのか」「何を持っていくのか」

そんな段取りを組んだりする思考が、主体性を持って行動してくれるきっかけになってくれます。

以前、実際に我が子と共に立てた旅行計画で旅行に行ったのですが、予定を詰込みすぎて時間に余裕がない状況になったことがありました。

そんなとき、兄妹が自分たちで話し合いを始め、「一つの予定をあきらめる」という決断を報告してくれたことがありました。

子どもたちを「動かそう」とするのではなく、動かす側に立場を逆転させることによって、意欲をもって主体的に行動できるようになります。学びをより深めてくれるきっかけになりますよ。

子ども心のポイント

想像は難しい。
でも、経験すればすぐにわかってくれます。
立場を変えるための役をつくってみましょう。

その27

言葉のシャワー

どんな言葉を使うかで性格も変わっちゃうらしいよ。

羹《あつもの》に懲《こ》りて膾《なます》を吹くって言うもんね
ごめん ちょっと分からないわ

いい言葉にはたくさんの気づきがある

ハッとするような気づきをくれる名言や言葉に出合ったことはあるでしょうか？

我が家のトイレには、日めくりカレンダーが10種類くらい隙間なしに並んでいます（笑）。人生で大切にしてほしい言葉、元気になる言葉、経営者の言葉、健康を意識する言葉、お金を意識する言葉、ネットリテラシーを意識する言葉などいろいろ貼っています。漢字だけで子どもにはまだ読めないものもありますが、毎日、さまざまな言葉にふれておいて、後から意味を理解することもまたおもしろい発見だと思います。親自身も楽しめますし、時には、「今日の言葉よかったよね？」なんて食卓の話題になったりします。

どんな言葉に子どもが反応し、気づき、学ぶかわかりませんから、なるべくたくさんの言葉にふれてもらえればと思って日めくりカレンダーを使っています。

ちなみに息子の一番のお気に入りは、ひと昔前に流行った「佐賀のがばいばあちゃん」の日めくりカレンダーです。何が響くか、やっぱりわからないですよね（笑）。

言葉づかいで感情や思考が変わる

言葉というのは本当に重要で、心理学者のアルバート・エリスは心理療法の一つとして「言葉遣い修正法」を提唱しています。

人間というのは、人生の中でさまざまな思い込みを持つようになります。

たとえば、「失敗してはならない」「人を頼ってはならない」「私は何をやってもうまくいかない」「みんなに好かれなければならない」といった考え方です。

すっかり染みついてしまった考え方も、言葉づかいを変えることによって修正できるという研究です。

せっかくおいしい食事をしているのに、「あ〜あ、まずいなこの店は！」と言っている人がいたらどんな気持ちになるでしょうか。楽しむ気分ではなくなってしまいますよね。

言葉は人の感情を大きく左右するのですが、その影響をもっとも受けるのは、他でもない発言した人自身です。

つまり、いや〜な言葉をつかえば、自分自身が一番そのいや〜な言葉に影響を受けてしまいます。

「言葉遣い修正法」を考案したアルバート・エリスは、ＡＢＣ理論という心理療法も提案しています。

人は出来事の結果で感情が生まれるのではなくて、出来事をどう捉えるかによって感情を生み出しているのだという考え方です。

失敗してしまったから「最悪だ！」という感情が生まれるのではなく、「失敗は成功のもとだよね」と捉えていれば、「次はいいことあるかも」「またチャレンジしよう」といった具合に感情も行動も変化するのです。

その意味でも、日めくりカレンダーのようなアイテムは「ハッ！」とさせてくれる一言がひそんでいますので、考え方のヒントとしておすすめできます。

子ども心のポイント

言葉は思考や感情を大きく左右します。いい気づきを与えてくれる言葉にふれる機会を増やしましょう。

その28 哲学対話のすすめ

子どもも哲学できるよ。自由に対話するときのポイント。

体が小さいからといってケーキが小さいのは不平等です

正解のないことを一緒に話し合う

園で子どもたちと取り組んでいることの一つに、「哲学対話」があります。

哲学といっても難しいことではなく、何気ない子どもたちの不思議や疑問をテーマとして取り上げ、子どもたちが自由に対話するための時間です。

この「子ども哲学」の存在を知ったのは、フランスのドキュメンタリー映画『小さな哲学者たち』を観たときです。フランスの幼稚園に通う3歳～5歳児の子どもたちが「愛とは何か」とか「生きるとは何か」という非常に難しいテーマについて、思い思いに意見を言い合っている姿を見て、日本の教育の中でどのくらい自由に意見を言い合える時間が確保できているのだろう？　と思ったのがきっかけでした。

学校の先生は「友だちにやさしくしなさい！」とは言いますが、学校でそもそも「やさしさとは何か？」について考える機会はなかなかありませんよね。

でも、「やさしさ」が何かわからずに、「やさしくする」ことはとても難しい気がするのです。そんな正解のない問いに子どもたちがたくさん考え、たくさん意見を出し合うのです。

決して特別なものではなく、お母さん、お父さんと一緒にご自宅でも実践できるものです。

たとえば、絵本を読んだ後に、どう感じたかを聞くのもいいですし、「(『１００万回生きたネコ』を読んで）どれくらい長生きしてみたい？」というように、大人が感じている何気ない疑問を子どもたちに投げかけてもいいでしょう。

私たちが思いつきもしないような、おもしろい回答が返ってくるかもしれません。

自由な意見の中で「自分なりの正解」を見つけていく

対話するときのポイントとしては、子どもたちの発言を否定したり、変に褒めたり、評価したりしないことです。

否定されれば、「その答えは大人の前では言ってはいけないこと」になってしまいますし、極端に褒めることも「こういう答えが求められるのか」と感じて、大人に喜ばれる答えを見つけようとしてしまいます。

現代社会では、とにかくなんでもジャッジするクセがついていますが、何点だとか、良い・悪いとかではなく、自由に発言させてあげることです（もちろん、人を傷つける意見などの場合には、その意見を聞いた人がどう感じるかなど、指導が必要な場合もあります)。

こうした対話は、自分自身の価値観を見つける練習としても重要です。

血のつながった親子であっても大事なことの基準、価値観は違うものです。「私は何を大事にして生きていきたいか」は、その子が自分自身に問い、答えを模索し、試行錯誤を重ね、時には挫折を味わいながら見つけていくものではないでしょうか。

自分自身と対話していく習慣がつけば、「将来やりたいこと」や「自分の好きなこと」は見つけやすくなり、人生で大きく迷子になる可能性は少なくなるはずです。

子どもたち自身が「自分なりの正解」探しの旅に出るお手伝いをすることが、親の大きな役割の一つだと私は考えています。

子ども心のポイント

空気を読まない自由な意見から
その子の真の価値観が見えてきます。
決して評価せず、認め、引き出してあげましょう。

第5章

やる気を奪うか引き出すか、言葉一つです

その29

してほしい対応

アドバイスするより「どうしたの？」って聞いてみて。そしたら安心するよ。

どうしたの
パパさん
元気
ないじゃないの
…
聞いてよ
マスター

励ますより先に、「どうしたの？」

ここまで見てきたように、「叱る」というのは、怒鳴ったり厳しく注意したりすることでは決してありません。特に、怒鳴る・厳しく注意するという方法では、子どものやる気を奪ってしまうのです。ここでは、子どものやる気をそがないように、それでいて大人の言うことを聞いてもらえる方法を見ていきましょう。

まずご紹介したいのは、子どもの話に耳を傾けるということです。

大人は子どもがぶつかった問題に対して、「こうするといいよ」「それは違うよ」とアドバイスや答えを教えてしまいたくなります。

しかし、子どもとの対話で一番大切にしてほしいことは「答えは相手の中にある」ということです。大人が直接アドバイスをしなくとも、子ども自身で答えを出せる場面もたくさんあります。

たとえば、子どもたちは小さなすり傷でも、「とんでもない事件発生！」と感じてしまうものです。園でも、転んでひざをすりむいてしまった子が大泣きしながら職員室に駆け込んでくることがあります。

こんなとき、どんな反応をするといいでしょうか？

大人としてはつい、「そのくらいどうってことないよ！」「痛くないよ、すぐ治るよ」と、励まし半分で声をかけてしまいたくなるのですが、それは逆効果です。

足をすりむいた！　というのは、子どもにとっては大事件なのです。そんな一大事を軽く見られたらどうでしょうか。「わかってもらえない」と感じてショックですよね。悲しくなり、気分は落ち込み、ますます大泣きしてしまう場合があります。

ですから、このようなときはまず**「どうしたの？」と質問をして、子ども自身の言葉を聞いてあげてください。**

質問された子は、「あのね、あのね……」と言いながら、ことの経緯を話してくれて、話しているうちに少しずつ落ち着いてきます。

話をやさしく聞きながら「うん、うん、痛かったね～」と共感するような言葉をかけると、「うん……」と気持ちがおさまりだします。

この段階までくれば、「絆創膏《ばんそうこう》貼ろうか？」と声をかければ「うん！」と元気に答え、そのまま嬉しそうに走って遊びに戻ることがよくあります（笑）。

病院にかかるときを考えるとわかりやすいですが、心配になって駆け込んだのに「大げさですね」と言われたり、事情も聞かずに一方的に医学的な説明をされるだけでは「なんだか話を聞いてくれないお医者さんだな」と感じると思います。

最初に「大変でしたね」「心配でしたね」という一言があれば気持ちも違うのに……と感じるでしょう。それと同じことを、子どもも感じているのです。

言い訳でも、気持ちを聞くことに意味がある

このように、「まずは聞く」ということがとにかく重要です。

『プレジデントfamily（２０１７年秋号）』のアンケートによると、東大生の親の９割が「子どもの話を聞くこと」を習慣にしていたという結果が出ています。

子どもの話を聞くことで心の安定を与え、結果的には、やる気や学習意欲につながっていくそうです。

特に子どもたちが問題行動を起こすとき、それは「大人にもっとかかわってほしい」というサインの場合もよくあります。

「寂しいよ」「不安だよ」という気持ちをわかってほしいだけなのですが、表現方法がわからず、つい問題行動として出てきてしまうのです。

子どもを怒りたくなるような状況では、一度深呼吸をして、何か作業をしていたとしてもいったん手を止め、「どうしたの？」と子どもの話を聞いてみてください。たとえ言い訳だったとしても、子ども自身がその気持ちを語ることに大きな意味があります。

そもそも子どもたちは、**悪いことをして大人に呼び止められたとき、すでに本人の中で反省が始まっている**のです。

大人が何か言う前に、すでに「ああ、やっちゃったな〜。怒られるんだろうな〜」という気持ちになっています。厳しく注意して追い打ちをかけるのではなく、まずは聞いてあげましょう。「親にわかってもらえている」と感じられているかどうかで、子どものやる気は大きく変わります。

子ども心のポイント

こちらの意見を伝える前に、まずは聞いて、共感してあげてください。「わかってもらえている」安心感が子どもを強くします。

その30

小言の前に

「自分が相手に言われた場合」を想像して声をかけてみて！

期待がやる気を左右する「ピグマリオン効果」

大人って、本当に忙しいですよね。仕事も家事も、ただでさえ忙しいのに、そこに育児が加わるともう大変です。そんな中で子どもがぐーたらしていたり、勉強もせずゲームなどに夢中だったりすると、つい小言を言ってしまいたくなります。

しかし、子どもを叱るときに大切なことは、「期待を込めて叱る」ということです。「どうせやらないよね」「いつもできないんだから」「本当にあんたはバカなんだから」という言葉では、子どもはよけいにやる気を失ってしまうのです。

アメリカの教育心理学者ローゼンタールは、**教師が生徒に期待をかけて授業をすることで、そうではないクラスよりも成績が上がる**という実験結果を発表しています。「ピグマリオン効果」と呼ばれている有名な心理効果です。

過度な期待はプレッシャーにもなりかねませんが、そもそもまったく期待をされてないのでは、やる気の出しようもありません。

そこで私がおすすめしているのは、「一度、自分自身に置き換えてから声をかける」という手法です。たとえば、

「だらだら食べてないで、早くごはんを食べなさい！」

↓「**だらだら食べてないで、早く食事を終わらせなさい**」と言われたら

「ゲームばっかりしないで、勉強でもしなさい！」

↓「**好きなことばっかりやってないで、仕事をしなさい！**」と言われたら

「宿題をちゃんとやりなさい！　いつも言われたときしかやらないんだから」

↓「**仕事残すなよ！　お前は言われたときしかやらないな**」と言われたら

「口答えしないの！　言い訳ばっかり！」

↓「**口答えするな！　言い訳をするな！**」と言われたら

「はい、○○くんは話を聞いてないので、クラスから出ていってください」

↓「**○○さんは話を聞いていないので、会社から出ていってください**」と言われたら

　このように、パートナーや職場の人などに自分が同じことを言われたら……と想像をしてみてほしいのです。他人に言われると、とんでもなく鋭いメッセージだと感じるのではないでしょうか。

　親子は関係が近い分、あまり言葉を選ばず、感情的な物言いになりがちです。

　しかし、親子である前に子ども一人の人間ですから、親からの言葉であろうと、傷つきます。

「自分だったら、どう言われたらやる気になるかな？」と考えてもらえると、小言のコミュニケーションも少なくなっていくはずです。

子ども心のポイント

伝わらないなと思ったら、
いつものかけ声を見直してみましょう。
穏やかにするだけで「効き」が違います。

その31

先褒めのすすめ

「あなたはやさしいね」って言われちゃうとやさしくせずにはいられないのさ。

人はレッテルどおりに行動する

社会心理学者のハワード・ベッカーは「ラベリング理論」を提唱しました。たとえば「お前は悪いやつだ」と周囲からラベリング（レッテル貼り）をされると、人はそのレッテルどおりに行動する傾向が見られるという理論です。

「バカだね」と言われて育った子は、「ぼくはバカだ」という認識ができてしまって、何をするにしても「バカだからできないんだ」と考え、行動を制限してしまいます。

このことに関連してノースウェスタン大学のリチャード・ミラーはある実験をしました。子どもたちを2つのグループに分けて、Aグループには、「ゴミを捨てることは悪いことである」と説明した上で掃除をするようお願いしたのです。

一方、Bグループには、「Bグループは一番きれいなクラスで、きれい好きな生徒がいる」と評価しました。

この結果、掃除をよくしたのはBグループでした。Bグループの子どもは、誰に言われるでもなく自主的に掃除をするようになったのです。

このような研究や理論からもわかるように、「どんなセルフイメージを持ってもらうか」

が子どもの行動に非常に大きな影響を与えます。

「やさしいね」と言えばやさしくなる

そうした心の作用をふまえて私がおすすめしたいのは、「先褒《さきぼ》め」というテクニックです。**今褒められる行動をしていなくとも、「先出しして褒める」というものです。**

たとえば、友だちにちょっかいを出してしまってトラブルが多い子がいれば、「Aくんはやさしいもんね」と声をかけます。

すると本人の中では、

「……えっ今、ぼく褒められた？　え、うそ、まじ？　いつも怒られるのに、ぼくってやさしく見られてたの？　ほんと？　……まあ、確かにやさしいところもあるしね。でも、褒められるって嬉しいな!!」

……と、頭の中がパニックになりつつも（笑）、「やさしい」と褒められたというイメージが強く残ります。

実際、このように声をかけた子は、友だちに手を出そうとするときに私の目をパッと見るようになりました。自分の中でコントロールしようという気持ちが動いている証拠です。

つまり、いいレッテルを貼られると、いい行動を心がけるようになります。

「あなたは素晴らしい力を持っているよ」と、ぜひ先褒めしてあげてください。

これは、声がけだけではなく文字にしても効果的です。

たとえば、トイレなど毎日目にふれる場所に子どものいいところを書いた紙を貼ってみます。

『「○○（子どもの名前）は、やさしい」「あきらめない」「人の話を聞ける」』など……10個くらいの言葉を並べて書いておくのです。

すると、それらを目にするたびに子どもは自分のいいところを認識できますし、勇気づけられます。

ご参考までに、私たちがオリジナルで作った「わが子いいとこカード」というものがあります（右ページ参照）。①次のQRコードを読み取り、②出てきたページにメールアドレスを入力いただくと、高画質のPDFファイルをダウンロードしていただけます（もちろん無料です）。

ご家庭のプリンター、もしくはコンビニなどでも印刷できますので、よろしければ活用してみてください。

子ども心のポイント

セルフイメージが変わると行動も一瞬で変わります。子どもが自分自身にいいイメージを持てるように、「先褒め」がおすすめです。

わが子いいとこカード
ダウンロード

https://is.gd/Bmqvcf

その32

「私」を主語にする

伝えたいことがあるときは、「YOUメッセージ」より「Iメッセージ」でね。

電話してくれないと心配なの……
サッカー終わったよー

ＹＯＵはトゲトゲ、Ｉはやわらかくなりやすい

心理カウンセリングでよく使われる手法で、「ＹＯＵメッセージ」と「Ｉメッセージ」という考え方があります。「ＹＯＵメッセージ」は「あなた」を主語にした伝え方。一方の「Ｉメッセージ」は「私」を主語にした伝え方です。

たとえば、家族の帰りが遅いと言うとき。

ＹＯＵメッセージの場合

「なんで連絡くらいしないいんだ！　遅くなるなら連絡くらいするのが常識だろ！」

Ｉメッセージの場合

「連絡をしてくれないと、とても心配なんだ……」

どちらのほうが伝わりやすいでしょうか？　伝えたい内容は同じでも、ＹＯＵメッセージはとげとげしいですが、Ｉメッセージはやわらかくなりますよね。Ｉメッセージで伝え

ているのは、あくまでも「自分の思い」なので、相手の非を責めるようなニュアンスになりません。子どもの行動を注意したいときでも、

「なんで片づけないの!?」

↓「**片づけてくれたら嬉しいな〜**」

「どうして手伝ってくれないの!?」

↓「**お手伝いしてくれると助かるな〜**」

このように、いつもはYOUメッセージで伝えていることを、Iメッセージに変えるだけで受け止めやすくなり、意図や愛情も伝わりやすいはずです。

褒めるときも万能なIメッセージ

また、褒めるときにもIメッセージは使えます。

たとえば、「すごい！」「えらい！」と、褒めるときにはよく言ってしまうのですが、「すごい！」「えらい！」というのは、実はＹＯＵメッセージです。

あなたはすごい、あなたはえらい、という意味であり、相手を「評価する」一面もあります。そのため、中にはそうした言葉を嬉しくないと感じる子もいるのです。

実際、私の息子は「すごい」「えらい」で褒められるのが苦手だと言います。理由を聞くと「なんか嬉しくない」とのこと。

「じゃあ、なんて言ってもらったら嬉しい？」と聞くと、少し悩んで「ありがとうだったら嬉しいかな？」と言います。

たしかに、「ありがとう」という感謝には評価の意味合いはありません。

私はあなたに感謝しています、という「Ｉメッセージ」です。

褒め言葉になるＩメッセージとしては、

- 「〜してくれてありがとう」
- 「〜してくれて助かったよ」
- 「〜してくれて嬉しい」

などがあります。

たとえば、仕事で「あなたはえらいですね」と言われると「なんで上から目線？」と感じてしまうこともあるかもしれませんが、「〜してくれて嬉しい」と言われるとイヤな気はしませんよね。その意味で非常に万能な言い回しとも言えます。

ちなみに、どんな言葉が嬉しいかは人それぞれで、娘の場合には「すごい！」も「えらい！」も「ありがとう！」もぜんぶ嬉しいとニコニコしています。

子どもとの対話の中で、その子が嬉しいと感じるメッセージを伝えてあげることが大切だと思います。

子ども心のポイント

あなたを主語にすると、トゲや評価目線が出やすいので注意。Iメッセージも伝えてあげましょう。

その33

第三者の言葉

お母さん・お父さんだとピンとこないことも、他の大人に言われると響いちゃうことがあるよ。

空手の先生が教えてくれたこと

うまく叱れないとき、子どもがなかなか言うことを聞いてくれないときは、「習い事の先生に伝えてもらう」という方法もあります。

たとえば、「親に感謝をしなさい」と親自身が言うと、恩着せがましい感じになってしまいますよね。子どももそうすべきだとはわかっていつつも、つい反抗してしまいます。

ところが、習い事の先生のような第三者が「親には感謝の気持ちを持たなければいけないよ」と言うと、それが子どもの心を捉えることもあるのです。

私は幼い頃、父を交通事故で亡くしました。

それからは母が女手一つで育ててくれたのですが、どうしても母親には甘えてしまい、「学校に行けるだけでも幸せよ」「朝くらい自分で起きなさい」なんて言われても納得できず、ふてくされていることがよくありました。

学校も嫌い、勉強も嫌い、宿題も嫌い、朝起きるのも苦手、本を読むのも嫌い、そんなときに出合ったのが空手だったのです。

何にも興味が持てなかったのに、不思議と空手だけ一所懸命になれるのでした。

大好きな空手を教えてくれる先生の言葉は、内容は母から言われるのと同じであっても、なぜかずばずばと心に突き刺さるのです。

特に印象深いのが中学時代のことで、先生に連れられ、東南アジアの某国の孤児院に行く旅をしたことがあります。目的は、恵まれない子どもたちの村に「トイレを設置しに行く」というものでした。

「日本にはあってあたりまえのものがまったくない！」。私には衝撃的な光景でしたが、孤児院の子どもたちを見て、先生はこう言いました。

「ほら、見てみろ。お金がなくても、親がいなくても、この子たちは笑顔で、夢があって素晴らしいだろ？　日本の子どもたちは、学校はイヤ、宿題はイヤ、暑かったら文句、寒くても文句。物質的な豊かさと、心の豊かさは違うんだぞ」

こう教えられたときに、自分の頭の中でスパークが起こったのです。

いかに自分の生活が豊かで幸せなことなのか、いかに環境に甘えていたのか、衝撃的に自分の中に新しい価値観が入り込んできました。

母に言われていたのはこういうことかと、そのとき初めて理解できた気がしました。

子どもたちは必ずしも親だけではなく、兄弟姉妹、おじいちゃん、おばあちゃん、学校の先生、友だち、習い事の先生など、いろんなところから影響を受けています。

どれだけ正しいことも、「誰が伝えるか」が重要なこともあるのです。

また、子どもは家庭の中だけで、親だけで育てるものではなく、大人みんなで育てるものだという考え方が私は好きです。親というのは、誰もが初心者ですから、親自身も誰かに教えてもらって、育ててもらわないといけない場面もあるでしょう。

わからないことや困ったことがあるのはあたりまえで、「我が子のことはなんでもわかる」のが当然ではありません。

ですから、子どもの悩みや、子どもに伝えてほしいことがあった場合には、ぜひ近くの大人に相談し、協力していただきながら子育てをしてみてください。

子ども心のポイント

悩むことで強く、賢くなれることもあります。
子どもの課題にはなるべく介入せず、
見方を変えるヒントを伝えてみましょう。

その34

脱・完璧な親

頼られると
なぜだか張りきって
がんばっちゃうのです。

頼まれるとチャレンジ意欲がわいてくる

子どもが片づけしてくれない、わがままばっかりで困る、ゲームの時間が守れないなど、子育ての中でのさまざまな悩みがあるかと思います。

そんなとき、一つの方法としておすすめしたいのは子どもたちに「頼ってみる」ということです。

そもそも私たちは、子育てと聞くと、「親がすべてにおいて見本となって、しっかりと子どもに教えるべきもの」と考えてしまいがちですね。

でも、そんなことはまったくありません。

親だって人間です。完璧であるはずがなく、性格や個性も違うし、できないことだってたくさんあります。

何より子どもたち自身、親に完璧さを求めているわけではないのです。

子どもたちは目の前にいる人が完璧な人であればあるほど、「ぼくも（わたしも）そうでなければ」と窮屈に感じてしまうことがあります。

完璧にやろうとすると、つい子どもには厳しいことを言ってしまいますが、完璧を演じる必要はまったくないのです。

むしろ、自分のできないことをさらけだして、子どもを頼ってみてください。たとえば野外保育に行く際に、「先生よく忘れちゃうから、このバケツ（魚を入れる用）持っておいてくれる？」とお願いすると、任された子は「うん！」と目をキラキラさせながら、お願いごとをまっとうしてくれます。

「ありがとう、〇〇くんのおかげで、助かったな〜」と伝えると、友だちにも自慢気な顔で、本当に嬉しそうな顔をするのです。

子どもは頼って任せると、どんどんと難しいことにもチャレンジできます。

たとえば机を一緒に運んでくれたり、洗濯を手伝ってくれたり、先生が来るまでクラスの先生役を買って出てくれたりと、積極的に行動してくれるのです。

子どもは人生の仲間

知り合いの保育士さんは、「私は子どもを子どもと思っていないの。1日を一緒につくりあげる仲間と思っているの」と教えてくださいました。素晴らしい考え方だなと感じます。

たしかに「指導しなければいけない存在」「常に何かを教えなければいけない存在」と考

えるよりも、共に生活をし、共に学び合う仲間と捉えたほうが、私たち自身も自然体になれそうじゃありませんか？

みんな得意なものは違うのです。だからこそ、できないことは「できない」と言い、時には人に頼り、協力し合う大切さを子どもと共に学んでいけるといいなと思います。

子ども心のポイント

親がなんでもできる必要はありません。むしろ、人に頼って協力していくことを伝えるのも大事なことです。

その35 自信の育て方

信じられてるわーって思えると、なんでもできる気がするんだよね。

ひと夏の大冒険の記憶

私が小学3年生のときに、家から30キロ離れた山奥にあるダムに「釣りに行きたい」と母に言ったことがあります。工事の車両なども多く、くねくねとした山道です。一歩足を踏みはずせば崖に落ちるような道もたくさんあるところです。

一般的に考えれば、そんなところへ行かせられるわけがありません。

でもそのとき、母は「わかった、気をつけて行ってきなさい」と言って背中を押してくれたのでした。

母の許しを得て大冒険に出かけた私は、実際に危ない目にはあいながらも、行きは3時間、帰りは下り坂のため1時間で、無事帰ってくることができました。

私も親となった今、当時のことを思い出すと不思議で仕方ありません。

「お母さん、よくあのとき行っていいよって許可したね？」と聞くと、「もう、信じるしかないやんね。心配しても、しようがなかろう。死んだら、死んだでしようがないやろう」と、言ったのです。

投げやりな態度に見えるかもしれませんし、今の時代ではなかなか推奨できるものではありませんが、我が子が生まれ、子どもとかかわる仕事を選んだ私としては「当時10歳にもならない自分のことをよくそこまで信頼してくれたな」と、思わず涙があふれた思い出があります。

私の中では、このひと夏の大冒険は大きな自信となり、その後の人生のチャレンジの糧《かて》になった経験だと感じています。

信じられることで、自信になる

親というのは、子どものことをあれこれ心配するものです。かわいい我が子のことですから、当然ですよね。

しかし、心配というのは、「子どものことを信じてきれていないから起きる不安」とも言うことができます。

自信というのは、「自分を信じる」と書きますが、**私は自信を「まわりの人が自分を信じてくれていることで生まれる力」**と解釈しています。

人は誰かに信じられることによって、「自分はできる」と感じるようになるものではないでしょうか。親や周囲の大人がその子を丸ごと信じることによって、その子の自信はどんどん増していきます。

私が教育者として敬愛する藤森平司先生は「見守る保育の三省」として、次の3つのことを挙げています。

子どもの存在を丸ごと信じただろうか

子どもは自ら育とうとする力を持っています。

その力を信じ、子どもといえども立派な人格を持った存在として受け入れることによって、見守ることができるのです。

子どもに真心を持って接しただろうか

子どもと接するときは、保育者の人格が子どもたちに伝わっていきます。

偽りのない心で、子どもを主体として接することが見守るということです。

子どもを見守ることができただろうか

子どもを信じ、真心を持つことで、初めて子どもを見守ることができるのです。

私は日々の仕事や子どもとのかかわりの中で、このことを自問自答しています。
子育てで迷ったときは、どう育てようかと悩んだり考えたりするよりも、まずは心から子どもを信じ、真心を持って接することを大切にしたいものです。

子ども心のポイント

子どもの心や意思、
存在を丸ごと信じてあげることで
解決できることがたくさんあるのです。

おへそコラムその3

褒め方を探すより前に大切なこと

人のやる気を引き出すというのは、本当に難しいことです。ネットや本で調べればたくさんのコツが出てきますが、実際どんな言葉が響くかは人それぞれ。

人の心理には「承認欲求」といって、認めてもらいたいという欲求が少なからず存在しています。ただ、「承認」も大きく2つあるとされ、「行動承認」と「存在承認」です。何か相手がアクションを起こしたときに承認するのが「行動承認」。相手が何もアクションを起こさずとも承認できるのが「存在承認」です。

褒めるというのは、相手がしたことに対して言葉をかけるので「行動承認」です。一方、あいさつ、名前を呼ぶ、笑顔で話す、意見を求める、小さな変化に気づくなど、「あなたがそこにいる存在を認めているよ」というメッセージが「存在承認」です。

人には無条件で認めてくれる存在が必要です。それが親であると子どもたちは幸せです。「自分は価値のある存在である」「愛されている存在である」ということが子どもの自己肯定感を育む上でとても重要となります。

何かをしたから褒めますよ、何かをしなかったら褒めませんよではなく、「あなたが成功しようが失敗しようが、どんなときも100%あなたの味方だよ」という姿勢が、子どもの安心感につながります。建物の基礎工事が大切なように、小学生頃までにしっかり基礎工事ができておくと、その上にはどんな大きい建物もしっかり立ってくれるようになります。

第6章

子どもたちから学んだ困ったときの「裏ワザ」17連発！

子どもを楽しく一瞬で動かす裏ワザ

さて、いよいよ最後の章になりました。

この章では、理屈や細かいことは抜きにして、「それやめて〜」「これをしてほしい〜」と思ったとき、子どもに「サッ」と動いてもらうための裏ワザを伝授していきたいと思います。

私や保育士の先生たちが、子どもたちとのふれあいの中で発見した「おっ、こうするとうまくいくぞ！」というテクニック集になっています。

もしかすると、すでに家庭でやっている場合もあるかもしれませんし、「えっ、こんな方法使っていいの？」なんて思われる方がいるかもしれません。

子育てというのは、予知できないことの連続です。たくさんのことを学んでいても、「もういいかげんにしてよ！」と思うこともあるでしょう。

そんなときは、ここで紹介するワザを使っていただきながら、たまにはラクに。そして楽しく子育てをしていただければ幸いです。

裏ワザその1

服をすぐ着ないときは 秘技・闘牛士

スペインの闘牛士のように服を広げてアピールしてください。すごいスピードで向かってきます。子どもは楽しいことが大好きです。なんでもゲームにしてみてあげてください。

裏ワザその2

野菜を食べないときは「3種のドレッシングでございます」

ドレッシングを3つ並べて「さあ、好きなのをかけなさ〜い」と伝えてください。ワクワクしてくれます。子どもたちは選ぶことが大好きです。選べるなら選ぼう、という気持ちに不思議となるのです。

裏ワザその3

片づけするのを嫌がるときは競争だ！

「今から、片づけ競争するよ〜、よ〜いドン！」と言ってください。いちもくさんに片づけだします。子どもたちは競争が大好きです。「どっちが早いか、お母さんと競争だ！」と言いながらチャレンジしてみてくださいね。

裏ワザその4

トイレに行かないときは「行けたらシールあげちゃおうかな」

大好きなキャラクターシールをチラつかせてください。したくないときでもトイレに行こうとします。トイレを目的にすることは子どもにはちょっとハードルが高いので、シール目的だったら行ってやるか。と思っています(笑)。

裏ワザその5

お風呂に入らないときは「お風呂で楽しいことします！」宣言

ストローを持って「お風呂で楽しいことします！」と宣言し、ニヤッと笑って先に向かってください。即座に追いかけてきます。お湯をブクブクする遊びをしてあげてください。え？　何が起きるの？　と子どもはワクワクします。

裏ワザその6

早く布団に入って寝てほしいときは「こちょこちょゲーム」開幕

「今すぐにお布団に入った人は、こちょこちょゲームしま〜す！」と宣言してください。全力で布団に飛び込んできます。子どもはお母さん、お父さんとずっと遊んでいたいから寝たくないのです。

裏ワザその7

自分で歩かないときは3秒間、ギュッとする

「ママとギューしたら自分で歩こうね」と伝え、ギュッと3秒間抱きしめてください。歩き出します。自分で歩きなさい！ よりもずっと効果があります。

裏ワザその8

静かにしないときは ヒソヒソ今夜の晩ごはん

小さな声で「ねえ、今日の晩ごはん何食べたい?」とヒソヒソと耳打ちしてください。ニヤニヤしながら静かになります。え、何にしよう? ということで子どもは頭がいっぱいになります。

裏ワザその9

泣き止まないときは ママも泣いちゃう

ママも泣きマネしてみてください。よしよししてくれます。子どもは大好きなお母さんが泣くことにびっくりします。ただごとじゃない！と冷静になってくれます。

裏ワザその10

公園から帰らないときは やっぱり競争！ よーいドン！

「ママとあそこまで競争するよ〜、よ〜いドン！」と言ってください。それでもダメなら抱っこして、やっぱり、こちょこちょしてください。公園よりママが好きになります。

裏ワザその11

買い物中のおねだりを止めさせたいときは宇宙人作戦

「あ！ 宇宙人がいる！」と気分をそらしてください。それでもおさまらないなら、強制連行してください。ダメなことはダメです。これに関してはあんまり裏ワザはありません（笑）。

裏ワザその12

服にこだわるときは ファッション業界の 新星あらわる

靴の種類の違うものをはきたがる（しかも両方右）など、不思議なこだわりが出てきたりしますが、未来のファッションリーダーの可能性を信じて、とことんこだわらせてください。恥だけは捨ててください（笑）。

裏ワザその13

お兄ちゃんみたいに おこづかいがほしいと 聞かないときは1円玉作戦

お兄ちゃんのおこづかいが200円だったら、1円玉を20枚くらいあげてください。笑顔になります。

裏ワザその14

「ここぞ！」というときにしないときは「選んでいいよ！」作戦

「ちょっとする？　それとも、いっぱいする？」と比較してちょっとさせるほうに誘導してください。可能性がグンと上がります。

裏ワザその15

下の子が生まれてグズるときは秘密のデートに誘う

上の子に「ママと２人でどっか遊びに行こうか？」とデートを提案してください。喜びます。

裏ワザその16

YouTubeを見るのをやめさせたいときは親子で実践編！

YouTuberがやっているチャレンジを親子でリアルに実行してみてください。楽しさ満点です。

裏ワザその17

嘘をつくのをやめさせたいときはなんでもお見とおし作戦

「ママね、知ってるよ」と笑顔で伝えてください。白状しだします。

おわりに

最後まで読んでいただき、ありがとうございました。私は25歳のときからご縁をいただき、園長として働いてきました。保育とは？　教育とは？　子育てとは？　人を育てるとは？　長年考えてきましたが、今強く実感しているのは、「その答えは子どもたち自身が持っているのでは？」ということです。

私たち大人は時に、自分の理想や都合を子どもたちに押しつけてしまうことがあります。でも、リンゴはミカンになれず、スイカはバナナになれません。

それぞれ唯一無二の存在なのです。その存在を心から認め、「素晴らしいね」と伝えてあげることで、それぞれの実がたくさん実っていくのではないでしょうか。

子どもたちが幸せになる答えの原点は、「自分は自分であっていい」ことを、私たち大人が伝えていくことであると思うのです。このことは、私自身が数々の恩師に教わったことでもあります。

「経験やスキルは後からついてくる。だけど情熱や志というのは、後からどうすることもできない」と、私の情熱と志だけを信じ、園を任せてくださった溝上泰弘理事長。新卒の私を快く受け入れ、乳幼児教育と保育園運営のいろはを惜しみなく教えてくださり、会社を離れた後も底なしの愛情を注いでくださる大塚雅一社長、大塚恵美子先生。5歳の頃、「英語と空手道を教える」という不思議な道場で、師として、空手道だけではなく、国際的な観点からものごとを見ることや考えることを教えてくださった今は亡き古賀武夫先生。そして、交通事故で夫を亡くしながらも、当時7歳、5歳、生後1カ月の息子たちを育て、何かを強制することなく、私たちを疑うことなく100％信じ抜き、時間と労力を惜しまなかった母。この本でお伝えしたことは、そうした愛ある大人たちから、私自身が教えてもらったことです。

最後に、何の実績もない私にこの本を書くきっかけをいただきました松本さま、吉本さまをはじめとするすばる舎のみなさま、本の完成までに携わっていただいたすべてのみなさま、尊敬する恩師、日々子どもたちの笑顔のために全力を尽くしているおへそグループの職員、たくさんの学びをもたらしてくれる園児、保護者のみなさま、友人たち、亡き父、最高の安らぎと幸せをもたらしてくれる妻、息子、娘。何より、ここまで読んでくださったみなさまに、心より感謝を申し上げます。みなさんの子育てが少しでもラクになり、それが子どものためになることを祈っています。

〈著者紹介〉

吉村直記（よしむら・なおき）

社会福祉法人みずものがたり理事・おへそグループ統括園長。公認心理師・保育士・幼稚園教諭・中学高等学校教諭。

1985年8月11日佐賀県生まれ。5歳の時交通事故で父を亡くし、母に3人兄弟の真ん中として女手一つで育てられる。同じ時期に空手を始め、そこで出会った空手の師匠に多大なる影響を受ける。高校ではメキシコ合衆国へ1年間留学し、大学時代に乳幼児教育に興味を持ち、保育コンサルティング会社に入社。約1年半の間に50施設以上の保育園設立や運営に関わりながら乳幼児教育を学ぶ。

2010年に保育園設立を検討していた佐賀の地元企業の社長と出会い、その教育への思いに共感。地元に戻り、2011年25歳で認可外保育所「おへそ保育園」園長に就任する。その後認可化し、現在はハンディキャップを持った子どもたちも含め、園庭を共有する形で0歳から12歳までの子どもたちが共に過ごしている。

開園当初より取り組んでいる「国際理解教育」が評価され、2015年JICAグローバル教育コンクールにて最高賞である理事長賞を受賞。子ども向けの「哲学対話」を日本で初めて保育に導入するなど、保育内容においても評価されている。

現在、小規模保育所「おへそ保育園」・幼保連携型認定こども園「おへそこども園」・企業主導型保育所「おへそつながり」・児童発達支援施設「おへそこども学園」・放課後学童クラブ「おへそ学道場」計5事業を統括する園長として働くかたわら、空手指導・執筆・講演活動の他に、一男一女の父として子育てにも奮闘中。


どうせならもっと上手に叱ってくれない？

2021年11月24日　第1刷発行
2024年4月6日　第3刷発行

著　者――吉村直記
発行者――徳留慶太郎
発行所――株式会社すばる舎
〒170-0013 東京都豊島区東池袋3-9-7 東池袋織本ビル
TEL 03-3981-8651（代表） 03-3981-0767（営業部）
振替 00140-7-116563
http://www.subarusya.jp/
印　刷――中央精版印刷株式会社

落丁・乱丁本はお取り替えいたします

ISBN978-4-7991-1006-5